POLÍTICA
SUBSTANTIVO FEMININO

*Um despertar para o protagonismo
das mulheres na democracia*

Copyright © 2024 por Gabi Sabino

Todos os direitos desta publicação reservados à Maquinaria Sankto Editora e Distribuidora LTDA. Este livro segue o Novo Acordo Ortográfico de 1990.

É vedada a reprodução total ou parcial desta obra sem a prévia autorização, salvo como referência de pesquisa ou citação acompanhada da respectiva indicação. A violação dos direitos autorais é crime estabelecido na Lei n. 9.610/98 e punido pelo artigo 194 do Código Penal.

Este texto é de responsabilidade da autora e não reflete necessariamente a opinião da Maquinaria Sankto Editora e Distribuidora LTDA.

Diretor-executivo
Guther Faggion

Editora-executiva
Renata Sturm

Diretor Comercial
Nilson Roberto da Silva

Financeiro
Alberto Balbino

Editor
Pedro Aranha

Redação
Vanessa Nagayoshi

Preparação
Gabriela Castro

Revisão Técnica
Matan Ankawa

Revisão
Bruna Del Valle

Marketing e Comunicação
Matheus da Costa
Rafaela Blanco

Direção de Arte
Rafael Bersi

Diagramação
Matheus da Costa

DADOS INTERNACIONAIS DE CATALOGAÇÃO
NA PUBLICAÇÃO (CIP)
ANGÉLICA ILACQUA – CRB-8/7057

SABINO, Gabi
   Política, substantivo feminino : um despertar para o protagonismo das mulheres
na democracia / Gabi Sabino.
   São Paulo: Maquinaria Sankto Editora e Distribuidora LTDA, 2024.
   192p.
   ISBN 978-85-94484-44-4

1. Mulheres na política I. Título
24-3448   CDD 305.42

ÍNDICE PARA CATÁLOGO SISTEMÁTICO:
   1. Mulheres na política

Rua Pedro de Toledo, 129 – Sala 104
Vila Clementino – São Paulo – SP, CEP: 04039-030
www.mqnr.com.br

GABI SABINO

PREFÁCIO POR TABATA AMARAL

POLÍTICA
SUBSTANTIVO FEMININO

Um despertar para o protagonismo das mulheres na democracia

mqnr

Aos meus pais, Delfim e Dora, por serem a base sólida de todos os meus sonhos, à minha irmã, Luana, por me ensinar desde cedo o que é proteger outra mulher, ao meu marido, Daniel, pela parceria diária e por ser o meu maior incentivador, a todas as meninas e mulheres que me ensinaram nessa jornada. Aos meus 7.920 eleitores, que no domingo do dia 2 de outubro de 2022 me fizeram sentir uma sensação única e inexplicável. Agradeço a você que lerá esse livro de mente e coração abertos. O presente é feminino!

Que a nossa história continue a ser escrita com tinta permanente, construindo um futuro onde a igualdade, o respeito e a oportunidade sejam a realidade para todas nós.

SUMÁRIO

9 PREFÁCIO, por Tabata Amaral

13 INTRODUÇÃO

29 CAPÍTULO 1 | O despertar político

41 CAPÍTULO 2 | Os três poderes (e onde estão as mulheres?)

57 CAPÍTULO 3 | Mulher não se interessa por política

PARTE 1 Final do século XIX e início do século XX

73 CAPÍTULO 4 | As sufragistas e o início do fim de uma ordem social

83 CAPÍTULO 5 | A conquista do voto no Brasil

PARTE 2 Décadas de 1960 a 1980

105 CAPÍTULO 6 | As heroínas dos anos de chumbo

115 CAPÍTULO 7 | Na Europa, surge a Dama de Ferro: Margaret Thatcher

PARTE 3 A virada do século XX para o XXI

125 CAPÍTULO 8 | Princesa às avessas

135 CAPÍTULO 9 | Século XXI: a era do combate à desigualdade de gênero

147 CAPÍTULO 10 | Política a nível de rua

157 CAPÍTULO 11 | As barreiras institucionais

169 CAPÍTULO 12 | Por uma política com rostos e vozes femininas

Para que a gente organize as ideias e as pessoas nesta luta diária, travada nos lares, nas ruas, nos escritórios, e ocupe cada vez mais os espaços de poder.

PREFÁCIO

POR TABATA AMARAL

Em cada canto do Brasil existe uma menina com um sonho. Mas, em torno de cada uma delas, existem várias pessoas que se acham no direito de dizer o que elas podem ou não podem ser. Muito cedo, nós, mulheres, nos deparamos com esse primeiro obstáculo, que vai se reapresentar inúmeras vezes ao longo da nossa vida: a ideia de que existem para nós alguns lugares e funções apropriados e que, em razão disso, precisamos adaptar ou suprimir nossos talentos, paixões e planos para o futuro. Este apagamento é tão comum e enraizado na nossa cultura que muitas vezes nós sequer o identificamos, acatando-o como parte inseparável da tarefa de viver. Assim, são podadas milhões de trajetórias sem que sequer tenham iniciado. Até onde teriam chegado todas essas mulheres se soubessem tudo o que poderiam ser?

Ao procurarmos com cuidado na memória, a maioria das mulheres encontrará com facilidade as situações em que se depararam com essa tentativa de silenciamento.

Apesar do suporte e dos apoios que tive durante a minha trajetória, eu mesma perdi a conta de quantas dessas barricadas precisei derrubar para chegar até aqui. E, mesmo depois de chegar à Câmara dos

Deputados, me tornar uma liderança política, participar ativamente de muitos dos mais importantes debates nacionais dos últimos anos e ajudar a construir mudanças reais nas vidas das pessoas, eu ainda me vejo constantemente enfrentando quem busque me silenciar, minimizar ou ridicularizar pelo simples fato de ser mulher.

Nestes anos todos, eu entendi melhor o tamanho do poder que tem a representatividade para garantir que as meninas e as mulheres não se permitam serem apagadas por essa estrutura. Para ajudá-las a entender que não há lugar predeterminado para elas na sociedade, senão aqueles que elas querem ocupar. Quando vemos alguém como nós que, apesar de tudo, conquistou o seu espaço no mundo e fez a diferença na vida das pessoas, entendemos que a frase "lugar de mulher é onde ela quiser" não é apenas um clichê, mas um lema a se manter no horizonte.

O que Gabi Sabino faz neste livro é mostrar a importância da representatividade aplicada ao espaço da política. Somando fatos de sua própria trajetória pessoal a uma visão apaixonada — e, ainda assim, realista — do fazer político, Gabi traz uma enorme contribuição para desmistificar a política e demonstrar como, através dela, aquelas meninas com um sonho podem operar na realidade e mudar as coisas. Não basta uma ideia ser boa e justa. Para se tornar realidade, ela precisa de apoio e engajamento, precisa mover as engrenagens muitas vezes enferrujadas do poder. Este é um livro necessário para todas aquelas de nós que enfrentamos tantas portas fechadas, porque ele mostra que, para transformar a realidade das mulheres, nós precisamos estar representadas no espaço público.

PREFÁCIO

E precisamos para já. Gabi nos confronta com a dura realidade de que o Brasil é o 132º país em representação feminina na política e o 50º no ranking de feminicídios. Este é o momento de mudar esse quadro, quando cada vez mais vozes femininas estão se fazendo ouvir — e se insurgindo — contra essa condição.

Esta obra que você tem em mãos é um importante chamado para que a gente pare de apenas observar e passe a agir. Para que a gente organize as ideias e as pessoas nesta luta diária, travada nos lares, nas ruas, nos escritórios, e ocupe cada vez mais os espaços de poder. Nas palavras da própria autora, "Não adianta apenas dar mais oportunidades ou enfatizar que temos direitos e somos livres para atuar em qualquer espaço, se não temos amparo e se nós mesmas não nos enxergamos nesses espaços".

No começo do livro, Gabi conta a poderosa experiência que teve durante sua campanha para deputada estadual, em 2022, de encontrar um adesivo com o seu rosto na blusa de uma garotinha que saía da escola. E narra a reação dessa menina quando se deparou com a mulher da foto que carregava no peito: "Vocês existem!", com a qual ela ficou maravilhada. Ali, quem sabe, tenha nascido uma nova liderança feminina. Talvez, uma outra esteja nascendo em você, que lê estas páginas. Mais uma na luta para manter abertas as portas que teimam em se fechar para nós.

Meu desejo é que eu, você, Gabi e tantas outras cada vez mais nos encontremos na política, nas ruas, nas portas das escolas e nas páginas de outros livros como este.

Esse equilíbrio delicado entre ser respeitada e não ser rotulada negativamente é uma dança constante que as mulheres na política (e em diversas outras áreas da vida) têm que executar.

INTRODUÇÃO

A primeira vez que tive que me reafirmar como mulher num espaço dominado por homens foi na escola, ainda criança. Eu era uma das poucas meninas da minha escola que gostava muito de futebol e, quando tentava participar de uma roda de conversa, tinha que fazer os meninos me levarem a sério recebendo várias piadas em troca. Era muito chato pra mim, porque eles sempre me viam como "café com leite" — bem diferente de como meus pais haviam me criado. Ao longo da minha vida, nunca houve limitações impostas a mim dentro de casa simplesmente por ser mulher. "Pai, quero jogar futebol. Claro. Mãe, quero brincar com pipa! Por que não? Posso ser astronauta quando eu crescer? Absolutamente."

Na minha família, sempre tivemos uma cultura forte em torno do futebol, especialmente entre mim e o meu pai. Meus avós paternos, Delfim Tomaz Sabino e Celeste dos Santos Sabino, eram imigrantes portugueses, dos distritos da Guarda e de Mira, respectivamente, que se estabeleceram em São Paulo, mais especificamente na Vila Guilherme, zona norte da capital paulista. Posteriormente, mudaram-se para a Freguesia do Ó, onde tínhamos uma padaria, como bons portugueses, e toda a família, a minha e a dos meus dois tios, irmãos do meu pai, morava nas casas acima do comércio. Foi lá que eu, meu pai e minha irmã mais nova nascemos e foi onde eu morei até os meus vinte e sete anos.

O futebol se apresentou como um grande elo que o meu pai e meu avô sempre tiveram e foi com eles que eu aprendi que não era só futebol, tinha a ver com família. Nesse contexto, tornei-me uma apaixonada torcedora da Associação Portuguesa de Desportos, a Lusa, paixão que desencadeou mais tarde uma direção que tomaria em minha carreira.

Minha mãe nasceu na Brasilândia, bairro vizinho à Freguesia do Ó, filha de migrantes baianos da cidade de Remanso, um município no interior do estado da Bahia às margens do Rio São Francisco, na microrregião de Juazeiro. Meus avós buscaram melhores condições de trabalho e vida na terra prometida de São Paulo. Meu avô materno, Wilson Borges Vargas, também tinha um comércio e era o que chamamos hoje uma "liderança comunitária" do Parque Hollywood, onde até hoje fica a casa em que eles viveram. Quanto à minha avó materna, Maria Torres Vargas, neta de indígenas, não acredito que em vida teve a dimensão do quão simbólica era sua resistência como mulher nordestina, parda, mãe de cinco filhos e mãe atípica — minha tia, Niceia, contraiu meningite com um ano e, como uma pessoa com deficiência, dependeu dos cuidados da minha avó e hoje depende dos cuidados da família.

Honro a história dos meus avós que estão no céu olhando por mim, todos chegaram em São Paulo com a esperança de uma vida melhor e conseguiram. Fizeram da família em que eu cresci um local seguro,

INTRODUÇÃO

acolhedor e base para que eu pudesse sonhar em ser quem eu quisesse. Tenho convicção de que não teria tido coragem de fazer metade das coisas que fiz sem a minha família por perto. Esse é o meu maior privilégio.

No entanto, o caminho para a autodescoberta e o entendimento dos meus talentos e paixões não foi assim tão rápido. Aos onze anos, uma professora de história, que inclusive era a minha matéria preferida — era fascinante para mim entender o passado —, enxergou em mim o potencial para o jornalismo devido à minha facilidade de comunicação e habilidade com a escrita. A partir do seu conselho, comecei a prestar atenção na profissão, que parecia interessante, mas algo realmente me fisgou: a cobertura esportiva, especialmente os comentaristas e apresentadoras de TV.

Na década de 1990 (eu nasci em 1994) e nos anos 2000, a gente ficava vidrado na televisão. Era a nossa tela preferida. Aparecer na televisão era como viralizar nas redes sociais hoje, só que bem mais difícil, o caminho até as "telinhas" não era acessível. Assistir uma mulher falando de futebol na televisão era quase revolucionário quando eu tinha dez anos.

Lembro que a Renata Fan, com sua elegância, inteligência e feminilidade, representava muito do que eu aspirava ser profissionalmente naquele momento. Eu sempre fui muito vaidosa, colecionava Barbies e bonecas das Princesas da Disney e, ao mesmo tempo, o estádio de futebol do Canindé era o meu local favorito no mundo. Eu tinha dificuldade em enxergar o feminino dentro do futebol. Ao apresentar o programa *Jogo Aberto*, transmitido na emissora de televisão Band, Renata Fan conseguiu reunir vários desses elementos e se eu tiver que chutar quando recebi minha primeira influência feminina profissional, não foi na política em questão de direitos, mas de representatividade em algo que eu gostava muito: o futebol.

O futebol é um campo repleto de política, às vezes, mais político do que a dita cuja. Sua história é composta por diversos protestos emblemáticos nos estádios, como na final do Campeonato Brasileiro de 1983, entre Flamengo e Santos, quando torcedores flamenguistas levantaram faixas exigindo "Diretas Já" para a presidência do Brasil, marcando um momento crucial na resistência à ditadura militar do país.

Quem participou desse comício também foi a Democracia Corinthiana, movimento liderado por grandes jogadores, como Sócrates, Wladimir, Casagrande, Biro-Biro, Zé Maria e Zenon. Esse período deixou um legado ao mostrar que o esporte podia ser uma plataforma para expressar ideias sociais e políticas. Mais do que uma simples gestão do clube, o movimento se caracterizou por uma ruptura com os modelos tradicionais de administração esportiva, introduzindo elementos de **democracia direta, participação popular e engajamento social**.

Outro aspecto político importante no futebol é a luta das torcidas organizadas, particularmente contra o fascismo e neonazismo no Brasil. Em São Paulo, por exemplo, elas realizaram inúmeras intervenções para desbloquear estradas fechadas por forças antidemocráticas. Da Europa, onde o futebol nasceu, ao Brasil, muitas torcidas já se envolveram em incidentes de racismo, mas algumas ergueram bandeiras de inclusão e combate ao preconceito, até mesmo criando regras internas para evitar

INTRODUÇÃO

insultos discriminatórios durante os jogos. Mesmo a fiscalização se mostrando um desafio, a intenção já é um passo importante. O futebol também é um reflexo da nossa sociedade racista e machista em sua estrutura.

Eu sempre carreguei esse espírito, no mínimo, combativo das torcidas organizadas de futebol de enfrentar e buscar justiça em situações de desrespeito. Confesso que sempre fui um tanto briguenta, me posicionando sem violência. Se alguém ofendesse minha irmã na escola, eu ia atrás para entender. Se alguém criticasse um projeto importante para os alunos, eu questionava os motivos. Eu até tinha medo de ouvir críticas, mas não ficava calada diante delas.

Apenas uma vez respondi uma violência verbal com violência física (por favor, não façam isso em casa, nunca é a melhor saída). Eu tinha provavelmente quinze anos, e aconteceu em resposta a uma injustiça contra minha irmã, que tinha treze anos. Quando fui tirar satisfação com o menino responsável, percebi que ele não tinha argumentos verdadeiros, apenas mentiras, e foi para cima de mim com muitas ofensas e xingamentos verbais para nós duas, era pura maldade. Naquele momento, me senti compelida a agir, fui impulsiva, não controlei a minha raiva e acabei entrando em um confronto físico. Eu deveria ter aberto uma reclamação formal e pronto, até porque, perdi toda a razão naquele momento. A diretora da escola teve que ligar para meu pai e, quando ele perguntou se eu tinha apanhado ou batido, ela respondeu que eu tinha batido. Ao ouvir isso, ele respondeu: "Então, minha filha deve ter alguma razão. Ela não entra em briga se não houver um bom motivo".

Eu levei bronca quando cheguei em casa, claro que meus pais jamais validaram uma violência física, eles até entenderam o motivo, mas eu errei. Meu pai quis me proteger naquele momento até da diretora, que não soube o que responder para ele. Essa frase que meu pai disse é uma possível descrição da minha jornada política? Talvez, eu realmente não embarco em uma luta sem um propósito sólido ou sem vontade. Minha decisão de entrar para a política foi difícil e tinha seu preço, que só fui descobrindo ao longo da jornada (para ser honesta). Voltando aos meus dezessete anos, minha rota parecia clara: terminar o Ensino Médio, cursar Jornalismo e procurar funções que pudessem unir a comunicação com o futebol. Mal sabia eu que os ventos da vida estavam prestes a soprar em uma direção totalmente inesperada.

Durante a faculdade, muitas pessoas sugeriram que eu seguisse o caminho do jornalismo de moda, por eu ser uma mulher considerada "socialmente padrão". Ainda existe esse estigma no imaginário das pessoas que associa a moda, ou tudo que envolve estética, a uma mulher de pele clara, corpo magro e cabelo liso.

Embora gostasse muito de moda, hoje percebo que era mais incentivada a ir para essas áreas do que para o jornalismo investigativo ou político, que eram considerados mais "masculinos". Na época, eu não percebia isso, pensava que estava tudo bem. Cheguei a fazer cursos de jornalismo de moda, e talvez conseguisse ser feliz nisso um dia, afinal, não há problema nenhum em ir para espaços mais "femininos". No entanto, futebol era o que eu mais queria. Quando eu mencionava

INTRODUÇÃO

jornalismo esportivo, a reação das pessoas era mais ou menos essa: "Ah, legal, mas vai ser muito difícil, ninguém vai te respeitar quando você for para os gramados".

Contudo os ventos da vida, e não a influência das pessoas, acabaram me levando para a área pública e, olhando para trás, percebo como minha inclinação política era latente, mesmo que não a identificasse com clareza. Adorava assumir a liderança em projetos escolares, fui presidente de todas as comissões de formatura das quais participei, adorava representar a sala e ser a capitã do time nas aulas de educação física. Por isso, à medida que crescia e me desenvolvia, mantinha a crença de que tudo era possível enquanto mulher, mas descobri que a realidade era bem diferente.

Na política, assim como no futebol, as mulheres enfrentam obstáculos que os homens não encontram. A representatividade feminina é baixa, e as vozes das mulheres raramente são ouvidas em questões importantes, sendo que elas representam 53% do eleitorado brasileiro (dado relativo às eleições de 2022), uma maioria incontestável. Na política, parece que os homens, especialmente os veteranos, nos veem em cargos públicos como aventureiras, como se estivéssemos ali apenas porque ficar em casa seria entediante demais. E, sem dúvida, é assim que somos tratadas.

Logo no começo de minha jornada na gestão pública, percebi que minhas opiniões não eram seriamente ouvidas e, quando sim, eram facilmente ignoradas. Foi aí que me dei conta de que ainda era tratada como "café com leite". Só que, dessa vez, eu não tinha mais dez anos. Isso dói. Eu não aceitava ser uma mera figura decorativa naquele ambiente masculino. Eu sempre fui dedicada ao trabalho e aos estudos, me adaptava rapidamente e sabia lidar com pressão. Poxa, eu não era mais café com leite, eu queria estar na foto, eu queria ter a minha ideia sendo executada, eu queria mais e não podia, porque eu sou mulher.

Aliás, já percebeu como hoje em dia temos uma preocupação com a representatividade na foto, mas não na voz?

Frequentemente, meus colegas pareciam mais interessados em minhas escolhas de vestimenta e aparência do que nas minhas ideias ou proposições. Minha competência era constantemente questionada, com insinuações sutis de que eu estava ali mais por minha aparência do que por minhas habilidades ou conhecimento. É ridículo, eu sei, tem vezes que eu queria reagir igual fiz quando tinha quinze anos, mas eu errei ali, lembra? Não erraria de novo.

As mulheres na política também enfrentam um duplo padrão insidioso. Se somos firmes e assertivas, somos rotuladas como agressivas ou mandonas. Se somos compassivas e empáticas, somos vistas como fracas ou excessivamente emocionais. Esse equilíbrio delicado entre ser respeitada e não ser rotulada negativamente é uma dança constante que as mulheres na política (e em diversas outras áreas da vida) têm que executar. Confessando para você, talvez seja essa a função que demande mais da nossa energia.

INTRODUÇÃO

Comprovando os fatos

Entrevistada pela *Folha de S.Paulo* em 2017, a professora Luciana Panke, que conversou com mulheres políticas e consultores de catorze países da América Latina, tanto da direita quanto da esquerda, para seu livro *Campanhas eleitorais para mulheres: desafios e tendências*, contou que elas constantemente são tratadas como histéricas, sofrem assédios e se sentem desamparadas no meio político.[1] Uma pesquisa realizada pelo Instituto Justiça de Saia aponta que 51% das mulheres já sofreram violência nesses espaços.[2] O resultado é que, mesmo que tenham ambições políticas, as mulheres muitas vezes hesitam em entrar em terrenos dominados por homens, gerando uma falta de representatividade preocupante.

De acordo com um estudo realizado pela União Interparlamentar, organização internacional que analisa os parlamentos mundiais, entre 187 países, o Brasil aparece na 132º colocação do ranking de participação de mulheres na política nacional. Quem lidera é a Ruanda, com 49 mulheres ocupando as 80 vagas no parlamento, seguida por Cuba, Nicarágua e México. Só para ter uma ideia, o Brasil está atrás da Arábia Saudita, que aprovou uma medida apenas em 2011 para que as mulheres votassem a

---

1. https://www1.folha.uol.com.br/poder/2017/03/1864490-preconceito-com-mulheres-atinge-esquerda-e-direita-diz-professora.shtml
2. REI, M. D. 51% das brasileiras já sofreram algum tipo de violência política, diz pesquisa. Disponível em: <https://www.socialismocriativo.com.br/51-das-brasileiras-ja-sofreram-algum-tipo-de-violencia-politica-diz-pesquisa/>. Acesso em: 22 abr. 2024.

partir das eleições de 2015 e dirigissem automóveis em 2017, e do Marrocos, que só em 2018 passou a criminalizar a violência doméstica.[3]

Hoje, o Brasil tem apenas 17,7% de mulheres ocupando cadeiras na Câmara dos Deputados[4] e 18,5% no Senado[5], sendo que eleitoras correspondem a 52,65% das pessoas. Embora 2018 tenha mostrado um avanço, quando pela primeira vez na história alcançamos a porcentagem de 15% de mulheres eleitas nos parlamentos, ainda é uma representação bem abaixo do desejado e necessário, considerando que elas compõem mais da metade da população do país.

Segundo os últimos relatórios da Organização das Nações Unidas (ONU), as mulheres representavam apenas 26,9% dos parlamentares em todo o mundo, provando que os desafios enfrentados pelas mulheres na política são universais: estereótipos de gênero, discriminação baseada em idade, dificuldade em acessar financiamento para campanhas e até mesmo a violência.

Uma indagação inevitável surge: em um país onde a maioria dos eleitores é composta por pessoas negras, pobres e mulheres, por que os

---

3. Parline: the IPU's Open Data Platform. Disponível em: https://data.ipu.org/women-ranking?month=3&year=2023. Acesso em: 22 abr. 2024.
4. SIQUEIRA, C. Bancada feminina aumenta 18,2% e tem duas representantes trans – Notícias. 3 out. 2022. *Câmara dos Deputados*. Disponível em: <https://www.camara.leg.br/noticias/911406-bancada-feminina-aumenta-182-e-tem-duas-representantes-trans/#:~:text=As%20mulheres%20v%C3%A3o%20representar%2017>. Acesso em: 22 abr. 2024.
5. VIANA, L. Líder da Bancada Femina no Senado avalia ano de 2023. 21 dez. 2023. *Rádio Senado*. Disponível em: https://www12.senado.leg.br/radio/1/noticia/2023/12/21/lider-da-bancada-femina-no-senado-avalia-ano-de-2023. Acesso em: 22 abr. 2024.

eleitos para representá-las parecem não refletir em suas plataformas políticas as necessidades e as aspirações dessa população? A política precisa ser acessível a todos, especialmente àqueles que ainda desconhecem seu poder transformador.

As mulheres podem decidir eleições presidenciais, mas não estão representadas de forma proporcional nos parlamentos para influenciar políticas públicas voltadas para elas. São homens brancos, em sua maioria, que tomam decisões sobre questões tão pertinentes às mulheres, como assistência menstrual, gravidez no trabalho, tempo de aposentadoria e direito ao aborto. E aqui vale um adendo: essa é uma conversa sobre gênero, mas, quando fazemos um recorte racial, estamos falando de um grupo ainda mais invisibilizado. Essa é uma realidade que precisa mudar.

Em um país que se encontra em quinto lugar no ranking de feminicídio,[6] por exemplo, a falta de representatividade é um problema urgente. Hoje, os legisladores são 85% homens, que sempre governaram para atender às próprias necessidades. Mas e as mulheres?

É difícil ver mulheres em cargos importantes, como em secretarias de governo, fazendo articulações políticas, ou secretaria de urbanismo, decidindo sobre o planejamento urbano da cidade. Isso é um problema porque, durante muito tempo, as cidades foram planejadas principalmente por homens, e muitas vezes não percebemos quanto o espaço

---

6. AGÊNCIA SENADO. CDH aprova prioridade automática a processos com mulher vítima de violência. 8 nov. 2023. *Senado notícias*. Disponível em: https://www12.senado.leg.br/noticias/materias/2023/11/08/cdh-aprova-prioridade-automatica-a-processos-com-mulher-vitima-de-violencia. Acesso em: 22 abr. 2024.

físico oprime as mulheres, limitando seu acessos a diversos lugares. Em 2021, fiz parte da coordenação do processo participativo da revisão do Plano Diretor na cidade de São Paulo, que estabelece diretrizes, normas e políticas para o ordenamento territorial, e sempre questionei, por exemplo, como o transporte público está sendo pensado para aquelas que andam com carrinhos de bebê, se há banheiros públicos disponíveis para nós, se as ruas estão iluminadas o suficiente para andarmos com segurança. Claro, em pleno 2021, todos ali já sabiam que não seria de bom tom ignorar as minhas considerações durante a reunião, isso não seria "bem visto", mas não consegui encontrar no projeto final, votado pelos vereadores posteriormente, essas preocupações no papel.

Em contrapartida à representação feminina historicamente limitada na política brasileira, temos assistido nos últimos anos o surgimento de uma nova geração de jovens mulheres que desafiam as normas e superam as barreiras de gênero em sua incursão na vida pública. No meio da crescente polarização e das questões sociais urgentes, uma nova onda de jovens diversificados e engajados tem se tornado mais visível, não apenas como participantes, mas também como líderes de movimentos políticos. As meninas e as mulheres estão moldando uma nova narrativa política, ancorada na igualdade de gênero, justiça social, direitos humanos e sustentabilidade.

É o caso de figuras como a de Marielle Franco, cuja trajetória política inspiradora foi tragicamente interrompida, mobilizou uma nova geração de líderes femininas, que são representativas dessa nova era, e como a

INTRODUÇÃO

da deputada federal (e uma grande parceira na minha trajetória política) Tábata Amaral, que se destacou pela defesa inabalável da educação. Em 2021, por exemplo, ela, junto a outras deputadas, propuseram e aprovaram a Lei nº 14.214, de 6 de outubro de 2021, que institui o Programa de Proteção e Promoção da Saúde Menstrual. Isso demonstra a importância de garantir que as políticas públicas voltadas para as mulheres alcancem efetivamente aquelas que mais necessitam. Caso contrário, a política deixa de ser um veículo de mudança e se torna apenas uma fachada.

Esse movimento não se limita às esferas mais altas da política. Ele se manifesta em níveis estaduais e municipais, com mais e mais mulheres ocupando cadeiras nos parlamentos locais. Essa nova geração está comprometida com uma forma diferente de fazer política, mais inclusiva, transparente e baseada em políticas públicas. Um estudo publicado pela revista científica *Health Affairs* aponta que mulheres investem mais em projetos sociais e saúde pública.[7] Ou seja, o ganho é de toda a sociedade.

Na campanha eleitoral de 2022, houve um momento que mexeu profundamente comigo e tocou meu coração de maneira especial. Em uma comunidade que estava visitando, me deparei com uma cena simples, mas cheia de significado: uma garotinha saindo da escola usava o adesivo da minha campanha na camiseta. Não pude deixar de me

---

7. HESSEL, P. et al. Increases In Women's Political Representation Associated With Reductions In Child Mortality In Brazil. *Health Affairs*, v. 39, n. 7, p. 1166-1174, 1 jul. 2020.

aproximar e me apresentar: "Sou eu na foto!". A expressão de surpresa no rosto daquela criança foi marcante. Ela exclamou: "Vocês existem!", e compartilhou comigo que, desde que a mãe começou a trabalhar em minha campanha, a situação financeira da família melhorou, passando a ter arroz em casa. E se não fosse o bastante, ela ainda disse: "Então eu posso ser política também!". Vocês não fazem ideia do quanto aquela cena ainda reverbera em mim.

Naquele momento, percebi o impacto que uma campanha, mesmo modesta como a minha, pode ter na vida de uma família. Aquela experiência reforçou minha convicção de que, se as políticas públicas funcionassem como foram desenhadas, o impacto positivo poderia ser imenso.

Acredito que só podemos alcançar uma política verdadeiramente representativa se as pessoas se organizarem e tiverem meios de se educarem sobre cidadania, história, filosofia política e legislação. Vamos começar pelo básico: para uma pessoa compreender o que é política, ela primeiro precisa entender as atribuições de cada poder e cargo e, principalmente, desconstruir a ideia de que político é "tudo ladrão", porque não é — e eu posso te provar.

Neste livro, busco fazer a intersecção entre a teoria política e a visão prática, tecendo a narrativa a partir da minha própria trajetória e apresentando lideranças femininas que mudaram o cenário político ao longo da história, com o objetivo de valorizar e relembrar nomes esquecidos, ignorados ou ocultados. Ofereço também reflexões de como podemos todos, enquanto cidadãos comuns, nos envolver na política e fazer a diferença em nossa comunidade e no país como um todo.

Que cada homem que ler este livro se conscientize da importância da mulher no espaço político para o benefício de toda a sociedade. E que cada mulher encontre em si mesma a força e a coragem necessárias para se tornar protagonista de sua própria trajetória. Este é o primeiro passo de uma longa caminhada para a transformação política e social, e é para esse percurso que convido vocês ao longo destas páginas.

Tenho um mantra que vou compartilhar com você: o que faz sentido para mim, precisa fazer sentido também para mais pessoas. Por isso, espero que este livro faça sentido para você também!

Gabi Sabino

Olhar além do horizonte atual e moldar o amanhã para melhorar o destino de nossa nação, desafiando sempre as narrativas preestabelecidas que ditam nossas vidas, são alguns dos deveres que temos enquanto cidadãos vivendo em uma democracia.

CAPÍTULO 1

O DESPERTAR POLÍTICO

Em minha juventude, prestei pouca atenção à esfera do debate político. Cresci ouvindo que todos os políticos eram corruptos e desonestos e, em minha mente, suas figuras estavam associadas ao errado, ao que não presta. Eu me posicionava replicando um discurso que ouvia dentro de casa. Na primeira vez que votei, segui as orientações da minha família sem questionar, acompanhando a corrente. Literalmente foi assim: "pai, mãe, em quem vocês vão votar para vereador?" e eu votei igual. Sendo honesta e justa com vocês, debater as eleições de uma forma mais profunda, analisando as propostas, o que aquele político fez no mandato anterior, não era exatamente forte da minha família, como não é o de muitas famílias brasileiras. Não quero aqui culpar nenhum deles, afinal, foi um despertar coletivo. Quando chegava a hora de votar, normalmente fazíamos as nossas escolhas pelo político mais próximo de nós ou se alguma benfeitoria tinha sido feita perto de casa... "Quem do bairro pode vencer a eleição? É nele que eu voto." Uma coisa nós sempre fomos, bairristas. Não que esse tipo de escolha de voto seja extremamente ruim, mas, hoje, sei que a gente faria escolhas mais conscientes, avaliando outras questões, como ideologia, propostas e posicionamentos.

Em 2010, a eleição de Dilma Rousseff como a primeira presidente do Brasil representou uma conquista histórica para as mulheres na política. Independentemente de concordar ou não com sua ideologia, é inegável o impacto desse marco na sociedade brasileira. Mas, naquela época, eu ainda não sabia da magnitude de se ter uma mulher eleita para o maior cargo do país, nem depois, quando ela sofreu o impeachment (sim, eu demorei).

Como tudo isso impactava minha vida e a de todas as mulheres? O que significava ter uma mulher na presidência? O que significava não ter mulheres na política? E de que forma minha realidade estava sendo moldada a partir disso? Eu não fazia ideia. Até tentei estudar um pouco de ciência política na época, mas era apenas um leve toque na superfície. A verdade é que eu não tinha uma base sólida para começar a pesquisar esse tema. Hoje, vejo garotas de 14, 15 anos lendo sobre feminismo, sabendo a porcentagem de mulheres eleitas e querendo conhecer Brasília. Mas quando eu tinha a idade delas, qual era minha base para estudar política? Nenhuma que eu soubesse ou nenhuma que tenha cruzado o meu caminho. No fim, acabei deixando para lá e seguindo o pensamento comum nocivo de que a política não era um espaço para mim.

Essa foi a minha formação política — ou melhor, a falta dela — na adolescência. Percebo agora que essa visão limitada era resultado da falta de informação e interesse no assunto. Não era apenas minha culpa, pois ninguém havia compartilhado uma perspectiva diferente comigo, nem mesmo a minha escola. Quem sabe como poderia ter sido se alguém tivesse falado para mim e para minhas colegas de classe, durante o ensino médio, que poderíamos ser políticas no futuro? Eu não tive, por exemplo, um "parlamento jovem", como aqueles que simulam o funcionamento de um parlamento ou órgão legislativo em alguns colégios, para os alunos entenderem o que é cidadania e participação democrática. Nenhum professor me disse "uma hora você vai ter que votar, então esses são seus direitos e deveres". E olha que eu estudei em uma escola particular a vida toda! Então, se você teve educação política na escola, agradeça, você foi privilegiado neste sentido.

É também verdade que as discussões políticas muitas vezes se limitam a polêmicas e superficialidades, o que leva muitos cidadãos (como eu mesma fazia quando era mais nova) a enxergar a política como um jogo sujo ou como simples oportunismo. Embora hoje não concorde, consigo compreender aqueles que se mantêm afastados dessa seara. Entendo as complexidades de entrar em um mundo que parece não ter sido feito para todos. Porém, nunca tinha ouvido falar em soluções ou na possibilidade de existirem políticos que não se encaixassem nesse estereótipo. Hoje, é diferente.

Claro, eu não estou afirmando que os corruptos e narcisistas não existam; eles estão lá, infelizmente. Mas, assim como me deparei com a dura realidade das comunidades carentes, testemunhando condições de vida desumanas, também vi iniciativas públicas que estavam impactando positivamente a vida daquelas pessoas. Foi aí que entendi que a política não se resumia aos corruptos e narcisistas. Eu quero ser enfática aqui: a política é a nossa maior ferramenta de transformação, por vezes, ela só está nas mãos erradas.

Decidi que precisava me envolver mais profundamente, não apenas como observadora, mas como participante ativa. Eu não poderia mais perguntar para meu pai em que ele votaria. Eu não poderia mais aceitar a desculpa de que não havia informação o suficiente. Era preciso entender o que estava acontecendo no país, quem representaria eu e as pessoas mais vulneráveis, quem estaria disposto a ouvir verdadeiramente as demandas da população, quem estava lutando por melhorias e oportunidades justas. Era preciso resgatar o verdadeiro significado da política e trazê-la para o lugar a que ela realmente pertence.

Comecemos pelo básico

"Política" é um substantivo feminino que pode se referir a diferentes significados, mas geralmente está relacionado ao conjunto de ações, decisões e práticas que envolvem o governo de uma nação, Estado ou comunidade. A palavra tem origem na língua grega antiga e deriva do termo *politikos*, que está relacionado à palavra *pólis* ("cidade" ou "Estado").

Na Grécia Antiga, a pólis era a unidade política básica, uma cidade-Estado independente, com a própria estrutura política, social e econômica, como Atenas e Esparta. Por sua vez, *politikos* estava associada às atividades e assuntos envolvendo gestão e organização da pólis.

Eles praticavam a política de uma maneira participativa e direta. E aqui vai um adendo: apesar de ser importante termos conhecimento sobre o berço da política, a desigualdade de gênero nesses espaços era evidente, pois apenas os homens adultos livres e nascidos na cidade tinham direito à "cidadania"; mulheres, escravos e estrangeiros eram excluídos. Apesar das características democráticas atenienses, estima-se que apenas 10% da população tinha direito a participar efetivamente da vida política. Essa perspectiva nos ajuda a entender melhor as dinâmicas sociais e políticas da Grécia Antiga, mas também nos lembra da importância de avançarmos para sociedades mais inclusivas e igualitárias nos dias atuais.

Voltando: a principal forma de participação era na ágora, um espaço público onde os homens se reuniam para discutir e votar sobre questões sociais, econômicas e culturais importantes. Eles tinham assembleias regulares, onde propostas eram debatidas e decisões eram tomadas pelo voto da maioria, em prol do funcionamento saudável da sociedade grega.

Além disso, foi lá que surgiu o primeiro vislumbre de "democracia" (digo "primeiro" porque o conceito de democracia mudou ao longo do tempo), em que os homens tinham o direito de escolher seus representantes, responsáveis por tomar decisões em nome do povo. Essa forma de governo direto e participativo influenciou muitas das ideias políticas que usamos ainda hoje.

Eu poderia ficar aqui contando toda a história da política e explicando seus conceitos, falando de maneira mais filosófica sobre leis, economia, justiça, constituição, o que considero extremamente importante. Porém, ainda que a política possa ter diversas interpretações, quero ressaltar a ideia de que ela só se torna real quando há ação, exclusivamente, uma que impacte de maneira positiva a vida de cada indivíduo.

A política é a melhor ferramenta de transformação social que temos e eu vou repetir isso várias vezes, afinal, ainda não inventaram outra capaz de mudar a vida das pessoas. Ela é tão poderosa que está em absolutamente tudo: no preço que você paga num pãozinho da padaria, no ônibus que você pega para ir trabalhar, no salário que você recebe, na água que você bebe, na casa que você mora, nos lugares que você frequenta, nas oportunidades e condições que você tem de fazer qualquer coisa. A política não reside apenas em Brasília, ela está mais perto do que você imagina.

A participação ativa e consciente dos cidadãos não se limita às grandes decisões em nível nacional, mas permeia cada instância da sociedade. É nas assembleias escolares, nas reuniões de condomínio, nos diálogos com vizinhos e nos encontros comunitários que a política ganha forma.

Em meio às complexidades do cenário político, é fácil perder de vista o fato de que cada ação e escolha impacta diretamente a vida de todos. Por isso, em uma sociedade muitas vezes marcada por debates acalorados e decisões que parecem distantes, é importante sempre relembrar que a política é, acima de tudo, sobre pessoas.

Todo o poder emana do povo

Esse título se refere à Constituição da República Federativa do Brasil de 1988, que diz o seguinte: "Todo o poder emana do povo, que o exerce por meio de representantes eleitos ou diretamente, nos termos desta Constituição" (artigo 1º da CF/88).[8] Essa Constituição, que usamos até hoje, foi elaborada após o fim da ditadura militar de 1964, período em que os militares tomaram o controle do governo, colocando duras restrições às liberdades democráticas. Foi só em 1988 que a sociedade brasileira conseguiu resgatar seu poder, reconquistando o direito de eleger, exigir, fiscalizar e até de remover seus representantes caso não cumprissem seus deveres políticos.

Mas, assim como muitos brasileiros, mesmo após a ditadura militar, eu também não conseguia compreender completamente o que a minha vida tinha a ver com política e qual era meu papel como agente de transformação nesse cenário. Foi apenas quando comecei a me interessar pelo assunto que descobri a existência de um plano de governo, por exemplo, algo que eu nunca soube o que era (e acredito que muitas pessoas também não saibam), descobri a importância de estarmos sempre atentos ao que estão fazendo com nosso dinheiro, nossos direitos e nossa qualidade de vida.

---

8. BRASIL. [Constituição (1988)]. Constituição da República Federativa do Brasil de 1988. Brasília, DF: Presidência da República, [2016]. Disponível em: https://www.planalto.gov.br/ccivil_03/constituicao/constituicao.htm. Acesso em: 22 abr. 2024.

Um plano de governo é um documento que apresenta as propostas e ideias de um candidato ou partido político para administrar um país, estado ou município. Esse documento detalha as políticas públicas, ações e estratégias que serão implementadas ao longo do mandato, abordando áreas essenciais como saúde, educação, segurança, infraestrutura, economia e meio ambiente. Além de servir como uma ferramenta de comunicação com os eleitores, o plano de governo também funciona como um guia de referência para a gestão pública, estabelecendo metas, prazos e prioridades. Ele é fundamental para a transparência e prestação de contas, permitindo que os cidadãos acompanhem e avaliem o desempenho do governo com base nas promessas e compromissos assumidos durante a campanha eleitoral. Porém, o plano não é ilustrativo, como alguns candidatos a prefeito, governador ou presidente acreditam que seja. Se não soubermos o que ele pretende fazer, como vamos fiscalizá-lo e cobrá-lo para cumprir o que prometeu? Como vamos eleger representantes eficientes para ocupar cargos no parlamento se nem ao menos sabemos o que eles planejam?

Afinal, são eles que vão discutir, criar, aprovar e reprovar os projetos de leis que determinam nossa qualidade de vida. E somos nós que vamos elegê-los. Da mesma forma que a política pode ser muito poderosa para fazer o bem, tanto na vida pública quanto na privada, pode também ser muito destrutiva se não ficarmos atentos.

Digo isso porque os pais da minha geração (que é da década de 1990) nasceram e viveram parte da ditadura militar. Minha mãe, por exemplo, participou das manifestações das "Diretas Já". Apesar de não debatermos com profundidade algumas eleições quando eu era mais nova, os meus pais sabiam a importância da democracia e lutaram por isso. Às vezes, chega a ser inacreditável pensar que nossos pais tiveram que ir às ruas pedir direito ao voto, por um mínimo de democracia. Mesmo eles tendo vivido tempos tenebrosos durante ou após a ditadura, quando a democracia foi restabelecida, muitos acabaram também se acostumando com esse direito que foi muito árduo de ser reconquistado. Eu nasci com direito ao voto, então muitas vezes votávamos porque era obrigatório.

Foi só a partir das manifestações populares de junho de 2013 que o "gigante acordou", ou seja, as pessoas foram às ruas em massa reivindicar melhorias em questões que afligiam o país e que se acumularam durante o período em que estivemos alheios à política. O estopim foi o aumento das tarifas do transporte público, mas logo eclodiram protestos contra a corrupção, a falta de oportunidades e a possível ineficiência do governo. As manifestações de 2013 representaram um divisor de águas na história da recém-conquistada democracia brasileira, marcando o início de uma nova era de mobilização, e a política estava deixando de ser um tema distante para se tornar um trovão retumbante que ecoava no cotidiano. A política já não era mais uma questão abstrata discutida apenas nos corredores do congresso ou em bolhas muito específicas, mas tornou-se um assunto tangível e iminente, presente em comunidades, ruas, escolas e lares.

Não existe vida sem política

De modo geral, a transformação política que o Brasil testemunhou nos últimos anos foi, sem dúvida, avassaladora. Uma tempestade de insatisfação e desespero varreu o país, principalmente quando trouxe à tona cicatrizes profundas de desigualdades e a falta de uma liderança capaz de enfrentar a crise revelada de forma gritante pela pandemia de covid-19. Mais de 700 mil vidas foram perdidas, uma amarga realidade que ecoou intensamente na consciência e nos debates políticos, especialmente entre os mais jovens, a geração Z (nascidos entre 1995 e 2010).

Na verdade, em todas as esferas de conversa, a política se tornou um tópico de discussão inevitável, e a pandemia apenas exacerbou essa insatisfação. Muitos viram suas vidas serem drasticamente alteradas enquanto enfrentavam o isolamento social e a incerteza. Esse contexto levou muitos a questionarem o papel da política em suas rotinas, e alguns passaram a se envolver mais nas discussões sobre o futuro do país.

A crise sanitária revelou as fragilidades do sistema de saúde brasileiro, apesar de termos excelentes institutos e universidades que merecem aqui o seu reconhecimento, e mergulhou todos nós na incerteza do futuro à medida que perdemos empregos e fontes de renda. O governo, por sua vez, foi acusado de não estar à altura do desafio, o que desencadeou uma nova onda de protestos contra ele.

Olhar além do horizonte atual e moldar o amanhã para melhorar o destino de nossa nação, desafiando sempre as narrativas preestabelecidas que ditam nossas vidas, são alguns dos deveres que temos enquanto cidadãos vivendo em uma democracia.

Não adianta ignorar a política. Uma hora ou outra, de alguma maneira, sentimos os efeitos colaterais de uma política negligenciada, especialmente as camadas mais vulneráveis, como os pobres, as pessoas pretas, os indígenas, a comunidade LGBTQIAP+ e as mulheres. Afinal, se não ligamos para a política e a política tem a ver com as pessoas, o resultado é que as pessoas menos escutadas vão sofrer as maiores consequências.

Fato é que, enquanto vivermos em sociedade, não existirá vida sem política. E o despertar político é algo que não acontece de uma só vez, mas que deve sempre nos acompanhar, pois é nosso dever fazer a manutenção da democracia.

Agora, imagine um cenário em que não há representatividade feminina nesses três poderes? Se já é difícil aprovar um PL devido ao número de propostas que chegam no Plenário, toda essa mobilização é em vão se não tivermos apoio nesses espaços.

CAPÍTULO 2

OS TRÊS PODERES (E ONDE ESTÃO AS MULHERES?)

Se vivemos em uma democracia, cujo governo pertence a nós, o povo, será que de fato estamos aplicando isso na prática, exercendo os direitos e os deveres que temos enquanto cidadãos? É verdade que nem todo mundo tem o desejo ou a inclinação para seguir uma carreira política, eu entendo, mas é importante reconhecer que todos nós temos um dever cívico básico: votar. Não porque é obrigatório, mas porque é um ato de empoderamento, no qual genuinamente depositamos a confiança em quem representará nossas necessidades e interesses.

Contudo, não basta saber, ainda que de forma superficial, o que o presidente, o governador e o prefeito fazem se não temos ideia do papel de um deputado, vereador e senador.[9] Eu mesma já votei para vereador sem nem

---

9. Apesar de serem substantivos biformes, para manter a fluidez do texto, não indicaremos a flexão de gênero nos substantivos.

saber o que ele fazia, sem imaginar o tamanho da influência que esse homem, que nem ao menos gravei o nome, teria nos rumos da minha cidade.

Será que de fato ele me representava? Será que ele tinha propostas alinhadas ao que eu acreditava? Será que ele atenderia às minhas demandas? Será que ele entendia as necessidades de uma mulher? Será que suas propostas incluíam políticas femininas ou suas ações prejudicariam as mulheres? Essas foram as perguntas que eu não fiz. Eu comecei a votar com dezoito anos, em 2012, votei para vereador e prefeito, esse foi o meu único voto em um homem nas eleições proporcionais. –Depois que tomei consciência da importância do voto, passei a votar apenas em candidaturas femininas.

Quando falamos sobre representatividade na política, estamos falando sobre a força que teremos nas tomadas de decisão. Imagine uma sala onde são decididas medidas que vão influenciar sua escola, seu bairro, sua cidade. Se naquela sala só tiver pessoas muito diferentes de você, pode ser difícil levarem em conta o que é realmente importante para você e para as pessoas que vivem situações parecidas com a sua.

É por isso que, em uma democracia, não elegemos apenas o presidente, mas todos aqueles que nos representarão (e que, teoricamente, de fato nos representarão), para que todos tenham oportunidade de terem suas necessidades atendidas.

OS TRÊS PODERES (E ONDE ESTÃO AS MULHERES?)

A dança dos três poderes

No Brasil, a forma como organizamos nosso governo se chama República Federativa Presidencialista, ou seja, o país é uma união de estados, onde cada estado tem sua autonomia, mas todos obedecem a um governo central. A palavra "presidencialista" indica que temos um presidente ou uma presidente, eleito ou eleita pelo povo, que é o chefe de Estado e chefe de Governo, responsável pelas funções executivas.

Esse modelo também destaca a independência dos três poderes: Executivo, Legislativo e Judiciário. Essa separação evita a concentração excessiva de autoridade, onde cada poder atua como um controle sobre os outros, prevenindo abusos e garantindo a harmonia no funcionamento do Estado. Vale destacar que não entraremos na discussão de interferência de um poder no outro, porque seria uma discussão para outro livro.

Os três poderes são independentes e têm funções específicas. Basicamente, o poder Executivo, chefiado pelo Presidente da República (governadores e prefeitos exercem funções semelhantes nos âmbitos estadual e municipal, respectivamente), é responsável pela implementação e execução das leis e gerenciamento dos recursos do Estado.

O Legislativo, composto pela Câmara dos Deputados e pelo Senado Federal, tem a função de criar e aprovar leis, representando os interesses da sociedade, e abrir processos de impeachment, por exemplo, contra o Presidente da República. Os deputados estaduais e os vereadores são também representantes eleitos por voto, no sistema proporcional, para as Assembleias Legislativas nos estados e Câmaras Municipais, respectivamente. O papel do Legislativo é fiscalizar, representar os interesses da comunidade, atuando na solução de problemas locais, como infraestrutura, saúde, educação e segurança.

Por fim, o Judiciário, onde temos o Supremo Tribunal Federal (STF) e demais tribunais, é encarregado de interpretar as leis, resolver conflitos legais e garantir a justiça.

E quem é que pode sugerir os projetos de leis (PL)? Pode partir de diferentes pessoas e organizações: membros da Câmara dos Deputados, do Senado Federal ou do Congresso Nacional, o Presidente da República, o STF, os Tribunais Superiores, o Procurador-Geral da República e até mesmo os cidadãos.

Para entender melhor a dinâmica dos três poderes, vamos seguir um exemplo prático no âmbito federal:

1 Criação de um projeto de lei
Suponha que eu queira criar uma lei de combate à violência doméstica. Primeiro, elaboro um Projeto de Lei (PL) chamado "Lei de Combate à Violência Doméstica". Esse projeto inclui os objetivos (como a redução do feminicídio), indicadores (dados

estatísticos atuais) e a solução proposta para o problema, que neste caso seria uma nova política pública.

2 **Análise nas comissões**
Depois de protocolado, o PL é encaminhado para uma ou mais comissões temáticas da casa legislativa correspondente ao tema. No nosso exemplo, a Comissão de Direitos Humanos e Legislação Participativa analisará o projeto, realizará debates e emitirá um parecer.

3 **Análise na Comissão de Constituição, Justiça e Cidadania e na Comissão de Finanças e Tributação**
Dependendo de como o projeto será executado, ele pode ser encaminhado à Comissão de Constituição, Justiça e Cidadania (CCJC), que verificará sua constitucionalidade para assegurar que nenhuma parte infrinja a Constituição. Também pode ser encaminhado à Comissão de Finanças e Tributação (CFT), que analisará o impacto financeiro do projeto nas contas públicas do país.

4 **Câmara dos Deputados**
Se aprovado nas comissões, o projeto é levado ao plenário da Câmara dos Deputados, onde os deputados analisarão, debaterão e votarão. Supondo que a maioria vote a favor, o PL é aprovado e segue para o Senado.

5 **Senado Federal**
Os senadores debaterão a importância da Lei de Combate à Violência Doméstica e realizarão outra votação. A regra é a mesma: se a maioria votar a favor, o PL é aprovado e segue para a última etapa, a Presidência da República.

6 **Presidência da República**
O presidente da República revisará o PL. Se ele sancionar, a proposta torna-se lei. Caso contrário, pode vetar parcial ou totalmente, retornando o projeto ao Congresso para nova análise.

Este processo ocorre no âmbito federal, mas procedimentos semelhantes são seguidos nos âmbitos estadual e municipal, adaptados aos poderes correspondentes. Nos estados, o projeto de lei seria submetido à Assembleia Legislativa, onde seria analisado por comissões temáticas, votado pelos deputados estaduais e, se aprovado, enviado ao governador para sanção. Nos municípios, o projeto passa pela Câmara Municipal, com análise pelas comissões e votação pelos vereadores, e, se aprovado, é enviado ao prefeito para sanção. Em todos os níveis, o processo envolve a criação, análise, debate e aprovação de propostas legislativas pelos respectivos órgãos e autoridades.

A Câmara dos Deputados é responsável por discutir e votar projetos de lei, emendas constitucionais, medidas provisórias e outras proposições de interesse nacional. O Senado Federal também exerce essa função legislativa, mas com algumas particularidades. Por exemplo, cabe ao Senado aprovar indicações para cargos como embaixadores, ministros do Supremo Tribunal Federal, entre outros. Além disso, o Senado tem um papel de revisão, podendo modificar ou rejeitar projetos aprovados pela Câmara.

Aprovado nas duas casas, o PL é enviado ao Presidente da República. Ele pode sancionar (aprovar), vetar total ou parcialmente. Se ele concordar, então o PL é sancionado na íntegra e transformado em lei federal, ou seja, a lei é *promulgada* e publicada no Diário Oficial da União desta forma: A *"Lei de Combate à Violência Doméstica" agora é uma lei federal que busca proteger mulheres contra a violência doméstica em todo o país.*

No discurso, pode parecer fácil e simples, porém, na prática, os projetos de lei enfrentam diversos desafios e obstáculos durante o processo legislativo, o que pode resultar em sua reprovação em determinadas etapas, passando por revisão e ajustes, negociação, busca por apoios etc.

Esse "vaivém" é uma parte natural do processo, e a reprovação em uma etapa não significa necessariamente o fim do projeto. Eles podem ser retrabalhados e reapresentados, pois a dinâmica política pode mudar ao longo do tempo, permitindo que propostas sejam reconsideradas. O problema é que um PL demora em média 4 a 5 anos para ser aprovado, e alguns levam até 20 anos.[10]

---

10. BLUME, B. A. Por que um projeto de lei pode demorar 20 anos para ser aprovado. 13 ago. 2015. *Politize!* Disponível em: https://www.politize.com.br/projeto-de-lei-processo-legislativo/. Acesso em: 22 abr. 2024.

Agora, imagine um cenário em que não há representatividade feminina nesses três poderes? Se já é difícil aprovar um PL devido ao número de propostas que chegam no Plenário, toda essa mobilização é em vão se não tivermos apoio nesses espaços. Um exemplo disso é o Projeto de Lei 5019/2013, que propõe o apoio financeiro às vítimas de violência doméstica, especialmente às de baixa renda, que está há 10 anos parado na Câmara.[11] Para nós, mulheres, o obstáculo não é só a "fila de espera", mas a falta de apoio.

Por isso, quando falamos sobre mulheres na política, não estamos falando apenas de eleições. Não só porque é óbvio que precisamos estar em todos os lugares, mas por razões práticas. As políticas públicas são pensadas, postas em prática e avaliadas no poder Executivo. Então, mesmo que uma mulher no Legislativo (uma deputada, por exemplo) tenha uma ideia brilhante e faça um projeto de lei incrível, é preciso outra mulher no poder Executivo que tenha a mesma visão, compreenda a importância dele e esteja lá para tomar decisões para fazer o projeto andar.

Além disso, é fundamental que os homens se tornem aliados nesse processo de garantia de direitos. A participação ativa dos homens, compreendendo seus papéis na sociedade e apoiando a igualdade de gênero, é crucial para a criação de um ambiente político mais inclusivo e justo. Homens que entendem a importância de políticas públicas que promovam

---

11. BRASIL. Câmara dos Deputados. Projeto de Lei 5019/2013. Institui o Fundo Nacional de Amparo a Mulheres Agredidas (FNAMA), acrescenta § 3º ao art. 49 do Decreto-Lei nº 2.848, de 7 de dezembro de 1940 (Código Penal), e dá outras providências. Disponível em: https://www.camara.leg.br/proposicoesWeb/fichadetramitacao?idProposicao=565425. Acesso em: 22 abr. 2024.

a igualdade de gênero podem colaborar efetivamente na implementação e execução dessas políticas.

Assim, não se trata apenas de incluir mais mulheres na política, mas de engajar toda a sociedade, inclusive os homens, na luta pela igualdade e justiça social, para que essa participação feminina na política seja duradoura e benéfica para as mulheres. Se não for assim, fica muito solitário, e você perde muita energia sem gerar resultados.

Mulheres no Legislativo

Há uma quantidade preocupante de parlamentares que chegam aos cargos legislativos com promessas vazias e permanecem por décadas sem concretizar projetos significativos. Frequentemente, observo a falta de comprometimento genuíno deles em compreender as verdadeiras necessidades da população. Muitos políticos, independentemente de sua ideologia, parecem relutantes em ouvir as demandas do povo, sobretudo das minorias marginalizadas, como mulheres, pessoas pretas, pobres e LGBTQIAP+, que na verdade representam a maioria quantitativa em nosso país.

Aqui defendo mulheres no Congresso não só pela questão da representatividade, mas porque percebo que elas criam projetos com maior qualidade, muito mais bem fundamentados, com mais embasamento, pois é fato que elas se preocupam muito mais em não serem invalidadas. De acordo uma análise dos dados do Tribunal Superior Eleitoral (TSE) feita pela Associação Gênero e Número, entre 2000 e 2016 houve um aumento de 157%

de mulheres candidatas com formação superior, enquanto os homens com a mesma formação representaram um crescimento de apenas 25%.[12]

Outro dado curioso, coletado e interpretado pelo Observatório Nacional da Mulher na Política (ONMP), aponta que, em 2022, a porcentagem de mulheres candidatas à reeleição com ensino superior completo foi maior que a dos homens, 90,5% contra 81,7%, respectivamente. Isso pode indicar que elas se preocupam mais em ter maior qualificação para se manter na carreira política.[13]

Além disso, as mulheres tendem a pautar mais questões femininas. Um levantamento da Secretaria da Mulher da Câmara dos Deputados aponta que, nos últimos 20 anos, mais de 7.800 propostas foram criadas por iniciativa feminina e, entre 2019 e 2022, foram aprovadas 218 e sancionadas 103 leis que beneficiavam as mulheres.[14] Ou seja, quanto mais mulheres no poder, mais políticas públicas que atendem nossas necessidades.

---

12. MARTINS, F. B. et al. Candidatas com ensino superior aumentaram em 157% entre 2000 e 2016, mas não foram eleitas nem para 10% das prefeituras. 17 set. 2020. *Gênero e Número*. Disponível em: https://www.generonumero.media/reportagens/mulheres-prefeitas-ensino-superior/. Acesso em: 22 abr. 2024.
13. BIROLI, F.; MATOS, M.; CYPRIANO, B. Perfis de gênero nas eleições: idade, conjugalidade e escolaridade 1. 9 set. 2022. *Congresso em foco*. Disponível em: https://congressoemfoco.uol.com.br/blogs-e-opiniao/colunistas/perfis-de-genero-nas-eleicoes-idade-conjugalidade-e-escolaridade/. Acesso em: 22 abr. 2024.
14. BRASIL, E. Com mais de 7 mil propostas em 20 anos, atuação de mulheres no Congresso é tema de exposição na Câmara. 14 mar. 2023. *Agência Câmara de Notícias*. Disponível em: https://www.camara.leg.br/noticias/944780-com-mais-de-7-mil-propostas-em-20-anos-atuacao-de-mulheres-no-congresso-e-tema-de-exposicao-na-camara/. Acesso em: 22 abr. 2024.

Mulheres no Executivo

Muitas pessoas pensam que o poder Executivo é composto só pelo presidente, pelos governadores e pelos prefeitos, mas não é bem assim. Essa área envolve várias pessoas e órgãos, que trabalham juntos para fazer as leis funcionarem na prática. Temos, entre outros, os ministros, que comandam as áreas da saúde, da educação, da economia e da cultura, entre outras; os secretários, que são responsáveis por ajudar os ministros e coordenar ações específicas em cada área; o chefe de gabinete, que auxilia e assessora o chefe do Executivo e outras figuras que variam de estado para estado e de município para munícipio, como é o caso da cidade de São Paulo, que tem os subprefeitos para cuidar dos distritos de forma descentralizada.

Ao longo da minha trajetória no poder Executivo, pude observar a impactante contribuição das mulheres que ocupavam esses cargos na gestão pública. Eram elas que desempenhavam um papel crucial na administração de órgãos e entidades públicas e dos recursos financeiros do Estado e desenvolviam políticas e programas sociais, econômicos e outras prioridades.

Felizmente, nas eleições 2022 tivemos um avanço na representação feminina no Executivo. Dos 37 Ministérios, 11 passaram a ser comandados por mulheres, entre elas, quatro mulheres pretas e uma indígena.[15] Elas ocuparam posições de liderança em setores como Ministérios da

---

15. SANDIM, T.; TRINDADE, J. O Brasil precisa de mais mulheres à frente das políticas públicas. 14 MAR. 2023. *Nexo Jornal*. Disponível em: https://www.nexojornal.com.br/o-brasil-precisa-de-mais-mulheres-a-frente-das-politicas-publicas. Acesso em: 22 abr. 2024.

Gestão e Inovação nos Serviços Públicos, do Planejamento e de Orçamento e Saúde.

Porém, ainda não chegamos ao ideal. Atualmente, as mulheres representam 41% dos cargos comissionados executivos (CCE) e funções comissionadas executivas (FCE), sendo que pretas são apenas 2,5% e indígenas 0,26%.[16] Volto a trazer os dados do censo: 51% da população são mulheres.

Além disso, elas estão muito mais presentes em áreas caracterizadas como "femininas". É o que mostra o estudo "Mulheres líderes no setor público da América Latina e do Caribe", realizado pelo Banco Interamericano de Desenvolvimento (BID). Em setores como educação e saúde, elas representam 45,4%, enquanto em finanças e defesas elas são 38,1%.[17] O Brasil é um bom exemplo disso: a representação feminina em departamentos da Polícia Rodoviária Federal (PRF) e da Polícia Federal (PF) é a menor (13% e 19%, respectivamente).[18]

---

16. Números em destaque do poder Executivo Federal. Dados referentes ao dia 15 de fevereiro de 2024. Disponível em: http://painel.pep.planejamento.gov.br/QvAJAxzfc/opendoc.htm?document=painelpep.qvw&lang=en-us&host=Local&anonymous=true.
17. BAUTISTA, S. N. et al. *Mulheres líderes no setor público da América Latina e do Caribe: lacunas e oportunidades*. Monografia do BID. Disponível em: https://publications.iadb.org/publications/portuguese/viewer/Mulheres-lideres-no-setor-publico-da-America-Latina-e-do-Caribe-lacunas-e-opportunidades.pdf. Acesso em: 22 abr. 2024.
18. COUTO, M. Governo Lula mantém representação feminina do mesmo tamanho que a gestão Bolsonaro; veja setores mais desiguais. 6 nov. 2023. *O Globo*. Disponível em: https://oglobo.globo.com/politica/noticia/2023/11/06/governo-lula-mantem-representacao-feminina-do-mesmo-tamanho-que-a-gestao-bolsonaro-veja-setores-mais-desiguais.ghtml. Acesso em: 22 abr. 2024.

Portanto, explicar para as mulheres que existem esses espaços de poder no Executivo é muito valioso, porque este é um local fundamental para melhorarmos a sociedade. Se é lá que são formuladas, implementadas e avaliadas políticas públicas, é lá que precisamos de mais diversidade, inclusive de gênero. Às vezes, mais do que no Legislativo.

Entendo que o Legislativo carrega mais a questão da representatividade, algo bastante noticiado nos jornais; são as falas de uma Tabata Amaral, de uma Erika Hilton, de uma Damares Alves que vão ganhar destaque. Precisamos muito delas lá, principalmente para uma boa qualidade de legislação, já que temos leis muito ruins no viés de gênero, que excluem esse lugar e apenas superficialmente mencionam – para não dizer que o esquecem.

Contudo, é muito difícil ver mulheres do Executivo pautando a mídia e sendo reconhecidas também. São elas que decidem para onde vai o dinheiro, como será aquela escola, se é preciso reunir os professores ou não... Uma pesquisa realizada pela Cátedra Fundação Lemann (Insper) aponta que mulheres em cargos de liderança política tendem a destinar até 7% a mais de recursos para áreas como saúde e educação do que os homens, reduzindo em até 24% a taxa de mortalidade infantil e 32% a disparidade de gênero no acesso à escolaridade entre adolescentes.[19]

---

19. FRANÇA, M.; NASCIMENTO, F. Síntese de evidências sobre a presença de mulheres e pessoas negras em cargos de liderança e autoridade. Disponível em: https://fundacaolemann.org.br/storage/materials/BDapCkovyoqPHPgv1AesiwLDy5l9Y8d1sD07kWqc.pdf . Acesso em: 22 abr. 2024.

Elas são muito importantes para que consigamos implementar a política na prática e para que tenhamos espaços mais seguros para as mulheres, orçamento para os projetos e, principalmente, políticas públicas de qualidade com esse recorte de gênero.

Mulheres no Judiciário

A representatividade feminina no Judiciário é a mais baixa em relação aos outros espaços de poder. Só para ter uma ideia, o STF existe desde 1890 e, durante esse período, houve 168 ministros homens e apenas 3 mulheres. No exato momento em que estou escrevendo este livro (primeiro trimestre de 2024), há somente uma.

Segundo levantamento do Conselho Nacional de Justiça (CNJ), atualmente o percentual de magistradas em todo o poder Judiciário é de 38%, enquanto homens representam 62%. Na Europa, por exemplo, as juízas correspondem a 58,5% da magistratura.[20]

De todos os setores da Justiça, as mulheres estão menos presentes nos níveis de carreira mais elevados e nos tribunais superiores. As juízas correspondem a 40%; as desembargadoras, a 25%; e as ministras, a 18%.[21]

---

20. Police, court and prison personnel statistics. *Eurostat*. Disponível em: https://ec.europa.eu/eurostat/statistics-explained/index.php?title=Police,_court_and_prison_personnel_statistics. Acesso em: 22 abr. 2024.
21. Conselho Nacional de Justiça (CNJ). Justiça em Números 2023. Brasília: CNJ, 2023. Disponível em: https://www.cnj.jus.br/wp-content/uploads/2023/08/justica-em-numeros-2023.pdf. Acesso em: 22 abr. 2024.

Essa falta de representatividade é um problema grave, porque muitas das situações que chegam aos tribunais estão relacionadas aos desafios diários que as mulheres enfrentam. E o acolhimento de uma mulher no Judiciário tende a ser diferente do acolhimento que o homem tem com aquela que foi vítima de violência.

Um exemplo disso é o caso Mariana Ferrer, que denunciou ter sido dopada e estuprada durante uma festa em Santa Catarina, em 2018. Durante o julgamento, no entanto, ela sofreu humilhações e teve fotos íntimas expostas. E o juiz, que tinha o dever de reprimir esses atos, ficou omisso e, em alguns momentos, participou da ridicularização da vítima. O caso gerou tanta indignação que foi criado um PL com seu nome, que prevê punição a quem praticar atos contra a dignidade de vítimas de violência sexual e das testemunhas durante julgamentos.[22]

Por isso, é preciso que mulheres estejam presentes não apenas nas delegacias especializadas, mas em todos os espaços do Judiciário, principalmente nas posições elevadas. Segundo o CNJ, quanto maior a presença feminina no Judiciário, mais decisões são feitas sob o viés da mulher.[23]

---

22. Sancionada Lei Mariana Ferrer, que protege vítimas de crimes sexuais em julgamentos. 23 nov. 2021. *Agência Senado*. Disponível em: https://www12.senado.leg.br/noticias/materias/2021/11/23/sancionada-lei-mariana-ferrer-que-protege-vitimas-de-crimes-sexuais-em-julgamentos. Acesso em: 22 abr. 2024.
23. Maior presença de mulheres no Judiciário contribui para ampliar decisões sob a ótica feminina. 31 ago. 2023. *Agência CNJ de Notícias*. Disponível em: https://www.cnj.jus.br/maior-presenca-de-mulheres-no-judiciario-contribui-para-ampliar-decisoes-sob-a-otica-feminina/. Acesso em: 22 abr. 2024.

A falta de modelos femininos bem-sucedidos no cenário político constrói a percepção equivocada de que este de fato não é um lugar adequado para elas.

CAPÍTULO 3

MULHER NÃO SE INTERESSA POR POLÍTICA

Certa vez, durante as eleições de 2022, as filhas da minha prima (que eu considero minhas sobrinhas), de nove e seis anos, decidiram ir à escola com o adesivo da minha campanha para deputada estadual. Elas estudavam na mesma escola onde estudei e queriam contar para as professoras e diretoras que eu estava concorrendo às eleições. Claro, elas não entendiam muito bem o que isso significava, mas ficaram maravilhadas quando me viram na televisão pedindo voto e meu rosto estampando panfletos espalhados pela rua.

Naquela época, vivíamos em meio a uma disputa presidencial acirrada entre Lula e Bolsonaro. Por essa razão, durante a campanha, tentei me abster de focar excessivamente no debate nacional, optando por enfatizar o que eu poderia fazer como deputada, as propostas e as soluções que eu trazia para o povo. Mas a polarização era tamanha que notei que alguns amigos de longa data se afastaram silenciosamente, o que me causou uma profunda tristeza. A polarização política havia obscurecido a capacidade das pessoas de ver além de partidos e ideologias, criando um abismo entre elas.

É óbvio que minhas sobrinhas não tinham noção disso tudo. Elas apenas estavam orgulhosas, achando o máximo ver a tia na televisão. Para elas, eu era uma "celebridade". Algumas professoras delas haviam dado aula para mim também, então ficaram muito felizes por saber que eu estava seguindo esse caminho. Enquanto contavam para os coleguinhas que eu era candidata a deputada estadual, com toda inocência de uma criança, tiraram alguns adesivos meus da mochila para distribuí-los.

Só que havia um garotinho, cuja família era bolsonarista, que viu o adesivo e disse para minha sobrinha mais velha: "Mas esse não é o número do Bolsonaro". Ela, sem saber muito bem como explicar, falou: "Mas a minha tia não é o Lula. Ela é outra coisa". Eis que ele pegou o adesivo de sua mão, amassou e jogou no seu rosto, dizendo: "Esse lugar não é para ela nem para você. Você tem que votar num homem bolsonarista!".

Era evidente que esse garotinho, de apenas nove anos, estava reproduzindo um discurso que ouvia, provavelmente, dentro de casa. Mas minha sobrinha se sentiu constrangida, especialmente porque ele havia falado na frente dos amiguinhos dela que aquele não era um lugar para ela nem para mim.

Imediatamente, minha prima, mãe das minhas sobrinhas, veio conversar comigo. Ela estava preocupada porque, naquele dia, a filha chegou em casa chorando e dizendo: "Eu não quero saber de política". Ela contou que a menina não demonstrava mais interesse em saber o que eu fazia da vida. Ou seja, com apenas nove anos, ela já estava dizendo "não" para a política.

Então, eu me sentei com ela e expliquei o que estava acontecendo no Brasil, tentando encontrar um meio-termo entre não romantizar o cenário político e, ao mesmo tempo, não jogar todas as verdades cruas para uma criança em formação. Tentei mostrar o que era política, qual era meu cargo e minha função, onde trabalhava, o que poderia fazer e já tinha feito pelas pessoas. Que aquele era o meu trabalho. "Sabe aquela escola estadual na frente da casa da sua avó? Eu poderia ajudar a melhorar as cadeiras em que as crianças se sentam para estudar".

E assim eu fui explicando de um jeito mais prático, para que ela pudesse entender que política não tinha a ver com o que ela tinha passado com aquele garotinho. Expliquei também que ele não poderia ter tratado ela daquele jeito, que está tudo bem discordar e disse que, quando ela tiver a opinião própria, ela pode se defender, o que não pode é agredir o outro com isso.

Ela é uma menina muito inteligente e compreendeu o que eu estava tentando traduzir, mas não falamos mais no assunto e não sei se ela terá a mesma reação espontânea de falar com orgulho que a tia é política depois disso. Tudo isso me entristece, porque eu não queria ter tido esse tipo de conversa com alguém que tem nove anos. Agora, minha sobrinha pode até compreender, mas entende também que esse não é um assunto feliz para todos.

A situação que minha sobrinha passou me fez entender com mais clareza por que faltam mulheres na política. Percebi que esse assunto era mais complexo do que eu imaginava. Não adianta apenas dar mais oportunidades ou enfatizar que temos direitos e somos livres para atuar em qualquer espaço se não temos amparo e se nós mesmas não nos enxergamos nesses espaços. A conversa começa já na infância, na forma como somos criadas e educadas pela família e pela escola e nas nossas primeiras experiências em confronto com a realidade patriarcal.

Muito interesse, pouco amparo

O lugar de mulher é onde ela quiser, mas nem todo espaço foi feito para ela, o que vai desde minha sobrinha de nove anos, que sofreu uma agressão na sala de aula, até uma mulher de quarenta anos que quer entrar na política agora, e exponho essas questões de forma honesta, porque sinto que às vezes os homens nos convidam para participar de uma maneira que não é muito verdadeira. Eles dizem algo como: "Não se preocupe, quando você chegar lá vai ser fácil", mas, na verdade, só estão nos guiando para um espaço que é mais agradável para eles.

Segundo Gabriela Manssur, presidente do Instituto Justiça de Saia, em uma entrevista para a revista Marie Claire, as mulheres correspondem a 46% dos filiados a partidos políticos.[24] Nessa mesma entrevista para a revista, também comentou dados de uma pesquisa em que 62%

---

24. Dados de filiação partidária revelam baixa participação política de jovens e mulheres. 14 nov. 2023. *Tribunal Superior Eleitoral*. Disponível em: https://www.tse.jus.br/comunicacao/noticias/2023/Novembro/dados-de-filiacao-partidaria-revelam-baixa-participacao-politica-de-jovens-e-mulheres. Acesso em: 22 abr. 2024.

das entrevistadas — líderes comunitárias, empresárias, professoras e cidadãs — exercem algum tipo de liderança e almejam uma transformação social. Mas elas nem sempre elas estão nas instituições.

Um estudo realizado pela Fundação Getulio Vargas (FGV) aponta que as mulheres são as mais interessadas por política no ambiente digital, correspondendo a 50,4%, enquanto os homens são 49,6%.[25] Isso reforça a ideia de que o interesse existe, o que falta é um espaço atrativo para mulheres, onde elas possam atuar na política de maneira segura. Ainda de acordo com o Instituto Justiça de Saia, mais da metade das entrevistadas (eleitoras, candidatas, vereadoras, deputadas e senadoras) afirma já ter sido vítima de comentários maldosos, ofensas morais, manifestações preconceituosas e xingamentos.[26]

A ausência significativa de mulheres na política é um fenômeno multifacetado, enraizado em diversas causas. Primeiramente, as instituições tomam medidas pouco efetivas para incentivar a participação feminina, contribuindo para a manutenção de um espaço predominantemente masculino. Sim, temos uma porcentagem pré-definida de gênero, que são os 30% destinados para as mulheres serem candidatas, o problema é que elas não conseguem ser eleitas e é exatamente este o ponto, precisamos de cadeiras garantidas para as mulheres. A falta de apoio e

---

25. GUERRA, R. Mulheres se interessam menos por política nas redes? Não é o que mostra novo estudo da FGV. 14 jan. 2024. *Estadão*. Disponível em: https://www.estadao.com.br/politica/interesse-mulheres-homens-por-politica-nas-redes-sociais-estudo-fundacao-getulio-vargas-fgv-nprp/. Acesso em: 22 abr. 2024.
26. MARTINS, T. Idem.

suporte dos partidos nas candidaturas femininas aumenta ainda mais as barreiras para as mulheres que desejam ingressar na política. Além disso, elas continuam relegadas ao papel tradicional de cuidadoras do lar e da família, o que faz com que a vida política esteja fora do seu escopo de perspectivas e oportunidades.

Todo esse contexto contribui para a carência de referências inspiradoras importantes para encorajar mais mulheres a superarem essas dificuldades. A falta de modelos femininos bem-sucedidos no cenário político constrói a percepção equivocada de que este, de fato, não é um lugar adequado para elas.

O poder simbólico das referências

Uma vez, tive a oportunidade de conversar com cerca de 40 meninas de 13 a 17 anos de uma escola estadual em São Paulo. Para enriquecer o diálogo, convidei a professora Lúcia França, que na época estava concorrendo ao cargo de vice-governadora na chapa de Fernando Haddad, para participar desse encontro. Durante a roda de discussão, fizemos uma pergunta simples: "Alguma de vocês já pensou em ser política?". Nenhuma delas levantou a mão.

Diante disso, buscamos mostrar de que forma poderíamos representá-las e defender seus interesses na criação de leis, nas questões escolares e no mercado de trabalho. A professora Lúcia, enquanto vice-governadora, explicou suas futuras responsabilidades, destacando políticas específicas para mulheres, incluindo a área da saúde. Falamos sobre a importância dessa área e os desafios enfrentados, como o diagnóstico tardio de câncer, que muitas vezes impede que as mulheres consigam vagas nos hospitais. Foi uma conversa que buscou inspirar essas jovens a considerarem a política como uma possibilidade em suas vidas.

Em uma entrevista para o *The View*, Viola Davis, atriz norte-americana, mulher preta e ativista, disse o seguinte: "Você precisa ver uma manifestação física do seu sonho".[27] No caso da política, essa manifestação sempre aconteceu por meio de um homem branco, com cabelos grisalhos, vestindo terno e gravata. Então, é claro que aquelas meninas nunca vão se sentir parte desse universo enquanto não tiverem manifestações físicas semelhantes a elas nos espaços de poder.

Penso que, se não fossem pelas figuras femininas com que me deparei ao longo da minha vida, meu destino teria sido outro. Se não fosse pela Renata Fan no mundo esportivo, eu nem teria considerado cursar Jornalismo na faculdade. Lembro-me também de uma professora de jornalismo político que era inspiradora em sala de aula, Professora Márcia Detoni. Ela conseguia abordar temas difíceis como a política, trabalhou nos maiores veículos de comunicação do mundo, como a *Reuters*, e tem uma carreira brilhante. Até hoje, quando penso em dar aula, ela vem à minha mente como um exemplo!

---

[27]. The View. Viola Davis Opens Up Shame She Felt Surrounding Childhood Poverty, Violence, Bullying | The View. YouTube, 26 abr. 2022 (8:23).

Outra figura que me influenciou bastante foi a Tabata Amaral. Durante o período eleitoral de 2018, cruzei com esta pessoa que me fascinou: jovem como eu, Tabata era candidata a deputada federal e havia despertado em mim uma curiosidade intrigante, que me levou a me questionar: "Por que não eu também?". Mesmo discordando de alguns dos seus posicionamentos ideológicos naquela época, me sentia muito representada pela sua figura. Foi naquele momento que passei a ter mais confiança para almejar as eleições seguintes, imaginando-me como candidata. Mais do que isso, a Tabata me possibilitou, de diversas formas, ter a minha voz ouvida, ter as minhas ações respeitadas e a minha presença percebida, e isso é grandioso.

Por isso é tão importante existirem exemplos para inspiração. Pesquisadores da FGV e do Insper afirmam que a eleição de mulheres pode estimular meninas adolescentes a participarem da vida política.[28] Por exemplo, nas cidades onde as candidatas mulheres foram vencedoras, houve um registro de 52% de meninas entre 16 e 17 anos para votarem na eleição seguinte; já nos lugares onde houve derrota, esse número diminui para 48%. Ou seja, a presença das mulheres na política não é só uma questão de representação, é simbólica, é algo que nos faz pensar: "Se ela está lá, eu também posso estar".

---

28. ARVATE, P.; FIRPO, S.; PIERI, R. Can women's performance in elections determine the engagement of adolescent girls in politics? Disponível em: https://pesquisa-eaesp.fgv.br/sites/gvpesquisa.fgv.br/files/arquivos/pa_2_-_1-s2.0-s0176268021000458-main_1.pdf. Acesso em: 10 jul. 2024.

Comecei a estudar gênero e ter contato com movimentos feministas quando já estava na faculdade. Passei a conviver com mulheres que tinham posicionamentos muito firmes e que me indicaram livros para eu me preparar, já que expressar um posicionamento não é uma tarefa fácil, especialmente em uma reunião repleta de homens. Levantar a mão e falar é desafiador até mesmo quando você tem convicção do que quer dizer. Há situações em que, ao olhar para trás, percebo que poderia ter reagido de maneira diferente, porque, na hora, a sensação de intimidação toma conta.

Porém, quando comecei a estudar as conquistas e lutas das mulheres na política, fui guiada por uma profunda reflexão que acabou por se tornar um chamado para a ação. Conhecer essas figuras incríveis foi uma inspiração que me impulsionou a enfrentar as dificuldades e a refletir seriamente sobre minha própria participação no campo político.

PARTE 1

FINAL DO SÉCULO XIX
E INÍCIO DO SÉCULO XX

O período que vai do final do século XIX ao início do século XX representou um momento marcante na história da luta das mulheres pelos seus direitos. Mas, antes disso, é importante fornecer um breve contexto histórico para entender por que e como esses movimentos emergiram e ganharam força nesse período específico.

Não se sabe ao certo quando foi a primeira manifestação feminista da história. O que se sabe é que não há um único ponto de origem, mas uma interconexão de eventos e ideias que evoluíram ao longo do tempo.

Considerando o modelo político ocidental de forma simplificada, as sociedades foram predominantemente caracterizadas por estruturas sociais hierárquicas e sistemas de governança baseados em tradições religiosas e monárquicas. A maior parte da população enfrentava condições socioeconômicas difíceis vivendo em comunidades agrárias, ou seja, a agricultura era a principal fonte de subsistência, enquanto a elite aristocrática desfrutava de privilégios e poder.

No século XVIII surgiu na Europa um movimento chamado Iluminismo, que propagava ideias de igualdade, liberdade e razão, questionando as estruturas políticas, econômicas e sociais vigentes. Somado ao contexto daquela época, o Iluminismo criou um ambiente intelectual fervoroso, com debates sobre direitos humanos e liberdades individuais que acabou culminando na Revolução Francesa, em 1789, e na criação da *Declaração dos Direitos do Homem e do Cidadão*. Aqui, a palavra "homem" não foi usada de forma genérica, para se referir à humanidade: ela literalmente se referia apenas ao sexo masculino.

Porém, havia mulheres à frente de seu tempo que não aceitavam passivamente a exclusão das mulheres desses princípios revolucionários. Uma delas foi **Mary Wollstonecraft**, considerada uma das pioneiras do feminismo. É conhecida principalmente por sua obra *Uma Vindicação dos Direitos da Mulher*, publicada em 1792, em que defendia que as mulheres não eram naturalmente inferiores aos homens, mas a falta de educação adequada era a principal razão para suas supostas fraquezas.

> [...] deve-se permitir às mulheres que lancem os alicerces de sua virtude no conhecimento, o que é muito pouco possível, a não ser que sejam educadas com as mesmas atividades que os homens. Pois, atualmente, elas são tornadas tão inferiores pela ignorância e pelos desejos mesquinhos que não merecem ocupar a mesma posição que eles [...]. (Wollstonecraft, 1792)

Outra grande pensadora foi Marie Gouze, mais conhecida pelo seu pseudônimo: **Olympe de Gouges**. Ela era escritora e ativista política francesa, em 1791, criou a obra *Declaração dos Direitos da Mulher e da Cidadã*, em resposta àquela adotada durante a Revolução Francesa. No documento, ela reivindicava igualdade de direitos entre os sexos e criticava a exclusão das mulheres das conquistas revolucionárias.

> As mães, as filhas, as irmãs, as mulheres representantes da nação exigem ser constituídas em assembleia nacional. Considerando que a ignorância, o esquecimento e o desprezo pelos direitos da mulher são as únicas causas dos infortúnios públicos e da corrupção dos governos, [elas] resolveram

apresentar em uma declaração solene os direitos naturais, inalienáveis e sagrados da mulher, a fim de que esta declaração, exposta reiteradamente diante de todos os membros do corpo social, recorde-lhes, sem cessar, de seus direitos e deveres [...]. (Olympe de Gouges. Declaração dos direitos da mulher e da cidadã e outros textos. — Brasília, Edições Câmara, 2021)

Além da declaração, Olympe de Gouges continuou a escrever peças e panfletos em defesa dos direitos das mulheres. Suas obras abordavam questões como o direito ao divórcio, a igualdade na educação e a necessidade de representação política para as mulheres.

No entanto, suas ideias e posições progressistas não foram bem recebidas pela liderança revolucionária. Em 1793, durante o auge do radicalismo da Revolução Francesa, Olympe de Gouges foi acusada de atividades contrarrevolucionárias e sentenciada à morte na guilhotina em Paris. Seu legado, contudo, inspirou movimentos feministas subsequentes e sua obra continuou a ser estudada e lembrada como um marco na luta pela igualdade de gênero.

A Revolução Francesa derrubou as estruturas feudais, abriu caminho para uma nova ordem social e criou um contexto político e econômico que favoreceu o crescimento do capitalismo, o desenvolvimento tecnológico e a busca por inovações. Mas o que isso tem a ver com as mulheres?

Acontece que a Revolução Industrial, período que antecede a Revolução Francesa, chegou a todo vapor, fazendo com que fábricas aparecessem por todos os lados, transformando as cidades e até mesmo as relações de trabalho. E, entre essas mudanças, algo notável aconteceu: as mulheres passaram a trabalhar nessas fábricas. Se antes elas estavam restritas ao trabalho doméstico, à família e a empregos informais, agora elas estavam entrando de cabeça na vida econômica. Isso também trouxe uma sobrecarga, já que agora elas teriam duplas ou triplas jornadas de trabalho.

À medida que contribuíam mais ativamente na economia industrial da sociedade, começaram a questionar sobre seus direitos. Afinal, por que elas, trabalhando nas mesmas condições que os homens, ainda não tinham os mesmos privilégios que eles?

Enquanto isso, aconteciam outros movimentos importantes, como o abolicionismo (que buscava o fim da escravidão) e as reivindicações pelos direitos civis com mais qualidade de vida (como leis trabalhistas), o que inspirou ainda mais as mulheres a levantarem suas vozes. Elas começaram a reivindicar não apenas o direito de participar ativamente da esfera pública, mas também a igualdade em todos os aspectos da vida, como o direito de frequentar a escola.

Como veremos adiante, a educação foi uma ferramenta poderosa para as mulheres questionarem as regras tradicionais daquela época (é importante adicionar que apenas as filhas da burguesia tinham condições para tal). Isso significava mais mulheres buscando conhecimento e contestando as limitações sociais e legais que as aprisionavam. Assim, entre fábricas barulhentas e corredores acadêmicos, elas davam início à luta por um futuro mais igualitário para todas nós.

O principal objetivo do movimento sufragista era conquistar o direito ao voto para as mulheres. Elas argumentavam que, como cidadãs ativas que participavam do mercado de trabalho — inclusive, lecionando em escolas —, mereciam ter espaço na escolha de seus representantes e influenciar as decisões que moldavam suas vidas.

CAPÍTULO 4

AS SUFRAGISTAS E O INÍCIO DO FIM DE UMA ORDEM SOCIAL

Os papéis tradicionais de gênero começaram a desmoronar à medida que as mulheres almejavam ocupar espaços além dos que lhes eram destinados. No final do século xix, em meio a esse turbilhão de mudanças, surgiu um movimento que ecoa até hoje: o sufrágio feminino.

Para facilitar a compreensão, é importante sabermos o que significa a palavra sufrágio: é o direito ao voto concedido aos cidadãos de um país ou região para escolherem seus representantes políticos ou participarem de decisões importantes. Essa participação democrática é fundamental para garantir a legitimidade do governo e assegurar que as opiniões e interesses da população sejam considerados na formulação de políticas públicas e na tomada de decisões governamentais. O sufrágio é um dos pilares essenciais da democracia, permitindo que os cidadãos exerçam sua voz e influenciem o curso dos assuntos públicos.

O principal objetivo do movimento sufragista era conquistar o direito ao voto para as mulheres. Elas argumentavam que, como cidadãs ativas que participavam do mercado de trabalho — inclusive, lecionando em escolas —, mereciam ter espaço na escolha de seus representantes e influenciar as decisões que moldavam suas vidas. O voto, portanto, começou a ser visto não apenas como um direito, mas uma ferramenta para promover mudanças importantes na legislação e na política.

Na ala da resistência, teóricos, pensadores e homens influentes mantinham visões tradicionais sobre os papéis de gênero e frequentemente justificavam a exclusão das mulheres do processo político com argumentos que diziam que os homens eram considerados intelectualmente superiores e que, por isso, as mulheres não tinham capacidade para tomar decisões políticas informadas.

Outra justificativa comum era de que elas simplesmente não tinham interesse ou aptidão para esses assuntos (como vimos anteriormente, essa ideia se perpetua até os dias atuais), afinal, elas estavam mais "preocupadas com assuntos domésticos". Alguns argumentavam que sua participação política poderia ameaçar a estabilidade social, especialmente se elas votassem em direção a mudanças consideradas "radicais".

Para acabar com esses estigmas, as sufragistas adotaram uma variedade de estratégias, desde campanhas de conscientização e petições até manifestações públicas e ações mais diretas, como greves de fome e protestos. A desobediência civil também fazia parte de sua atuação: elas desafiavam abertamente as leis, arriscando sua liberdade para escancarar as injustiças. Essas ações visavam chamar a atenção da sociedade e pressionar as autoridades a reconhecerem a necessidade de reformas democráticas.

O movimento sufragista enfrentou considerável resistência, com muitas mulheres sendo presas e sofrendo hostilidade pública. No entanto, suas vozes foram se tornando cada vez mais difíceis de ignorar com o tempo. Assim, mulheres de diferentes cantos do mundo, impulsionadas pelo desejo comum por direitos básicos, como o direito de votar, uniram suas forças e suas vozes.

Kate Sheppard e o pioneirismo da Nova Zelândia

Kate Sheppard emergiu como uma líder carismática no movimento sufragista no final do século XIX. Nascida em 1847, em Liverpool (Inglaterra), ela se mudou aos vinte e poucos anos para Christchurch (Nova Zelândia) com sua família. Em 1885, marcando o início de uma jornada dedicada à igualdade de direitos, Sheppard se juntou à União de Temperança Feminina Cristã (WCTU), uma organização que abordava questões relacionadas à moral e à justiça social, como a proibição de bebidas alcoólicas e os direitos femininos.

Ela escrevia para jornais, realizava reuniões públicas, viajava pelo país e fazia lobby no Parlamento propagando ideias na tentativa de influenciar os legisladores a apoiarem a causa sufragista. Ela também lutava pela contracepção e a libertação do espartilho. Seu ativismo era estratégico e pacífico.

Sua habilidade em mobilizar o apoio público fez com que, em 1893, ela e suas colegas conseguissem reunir quase 32 mil assinaturas para a petição do sufrágio feminino. Foi a maior petição até então apresentada no Parlamento (o documento tinha 270 metros de comprimento!). Embora o primeiro-ministro, Richard Seddon, tenha se declarado contra, a Lei Eleitoral de 1893 foi aprovada pelas duas casas do Parlamento, e a Nova Zelândia tornou-se o primeiro país do mundo a garantir o direito das mulheres ao voto.

Sheppard continuou a advogar por questões sociais, incluindo reformas relacionadas ao bem-estar infantil. Ela se tornou presidente inaugural do Conselho Nacional de Mulheres da Nova Zelândia (NCW), editora do jornal *The White Ribbon*, focado em questões femininas e sociais, e mais tarde foi eleita vice-presidente honorária do Conselho Internacional de Mulheres. Em 1933, a primeira mulher era eleita deputada no Parlamento neozelandês: Elizabeth McCombs, do Partido Trabalhista.

Hoje, Kate Sheppard é reverenciada como uma das principais defensoras do sufrágio feminino e uma voz poderosa na busca por justiça e igualdade. Em 1992, sua imagem foi estampada na nota de 10 dólares na Nova Zelândia. A conquista histórica de 1893 solidificou seu legado, desencadeando um efeito dominó e inspirando movimentos em todo o mundo.

Líderes revolucionárias: Millicent Fawcett e Emmeline Pankhurst

Nascida em 1847, **Millicent Garrett Fawcett** foi uma das principais figuras na luta pelo direito das mulheres ao voto e responsável por iniciar a luta sufragista britânica. Fawcett fundou a União Nacional pelo Sufrágio Feminino e era uma defensora dedicada da igualdade de direitos. Ao contrário de algumas das ativistas sufragistas mais radicais da época para conquistar os direitos, ela seguia uma abordagem mais pacífica e legalista. Ela acreditava no uso de métodos não violentos, como petições, argumentação racional e lobby político, para persuadir os legisladores a apoiarem o sufrágio feminino.

Fawcett desempenhou um papel crucial na fundação da Sociedade Nacional para o Sufrágio Feminino, em 1867, que mais tarde se tornou a União Nacional das Sociedades de Sufrágio Feminino (NUWSS). Ela foi a presidente dessa organização de 1897 a 1919, liderando muitas campanhas. Porém, suas tentativas de abrir um diálogo acerca do tema eram constantemente ignoradas na Assembleia Legislativa.

Então, entrou em cena a inglesa **Emmeline Pankhurst**, membra da NUWSS, que, insatisfeita com a abordagem moderada de Fawcett, fundou a União Social e Política das Mulheres (WSPU) em 1903. Ela era casada com Richard Pankhurst, um advogado e defensor dos direitos das mulheres. O casal tinha cinco filhos, e a experiência de Emmeline como mãe havia influenciado sua visão sobre a importância do sufrágio feminino.

Sob sua liderança, a WSPU, cujo lema era *"Deeds, not Words"* (Ações, não palavras), adotou táticas mais radicais, incluindo manifestações, depredações de vidraças, greves de fome e até mesmo ações de desobediência civil. Em uma dessas ações, a militante **Emily Davison** se jogou na frente do cavalo do rei George V no circuito Derby Epson Downs. Ela foi levada para o hospital, mas não resistiu aos ferimentos e faleceu quatro dias depois. Sua morte teve um impacto significativo na percepção pública, gerando debates sobre os métodos utilizados pelas sufragistas na busca por seus direitos. Essas táticas destacaram a urgência da causa sufragista.

As sufragistas também publicavam semanalmente informações sobre a luta, as atividades e campanhas da WSPU no *Votes for Women* (1907) e no *The Suffragette* (1912). Elas eram vistas na sociedade como mulheres que negligenciavam suas responsabilidades domésticas, eram constantemente associadas a uma imagem agressiva, pouco atraente e sem atributos físicos, e até se dizia que eram motivadas por uma frustração pessoal, como não ter um bom casamento.

Pankhurst foi presa várias vezes por suas atividades militantes, mas sua passagem pela prisão não a enfraqueceu, pelo contrário: ela continuou a ser uma figura influente, até mesmo organizando atividades dentro das celas.

Durante a Primeira Guerra Mundial (1914-1918), Emmeline e a WSPU suspenderam temporariamente as atividades militantes para apoiar o esforço de guerra, o que ajudou a melhorar a imagem do movimento.

Diante de inúmeros homens que haviam perdido a vida ou ficado feridos nesses conflitos, a Inglaterra reconheceu a importância da contribuição das mulheres para a reconstrução econômica do país, mudando a percepção social sobre os papéis de gênero e atendendo às demandas pela participação feminina na política.

É muito importante destacar que esses movimentos não representavam todas as mulheres. Naquela época, na Inglaterra, ainda não havia a mentalidade sobre a importância de se fazer um recorte de classe e raça, sobretudo pela população ser majoritariamente branca. Ou seja, assim, nem todas tiveram seus direitos contemplados. Entretanto, em outras nações e grupos políticos as relações entre classe e gênero já eram discutidas, caso dos anarquistas, por exemplo.

Após anos de esforços, em 1918, as sufragistas conquistaram o voto feminino na Inglaterra. O chamado *Representation of the People Act 1918* estabeleceu o direito ao voto para mulheres com mais de 30 anos e, mais tarde, em 1928, para mulheres maiores de 21. Toda essa mobilização estimulou a manifestação de vários grupos feministas em quase todos os países ocidentais.

SUFRAGISTAS PELO MUNDO

No início do século XX, importantes vitórias marcaram o avanço do direito ao voto feminino em várias partes do mundo.

Finlândia	À época parte do Império Russo, tornou-se pioneira na Europa ao garantir o voto completo para mulheres em 1906. No ano de 1913, as mulheres norueguesas também alcançaram o direito ao voto, seguidas pelas dinamarquesas e islandesas em 1915.
Alemanha	O voto feminino foi concedido após o término da Primeira Guerra Mundial, em 1919. A França, apesar de ser o berço da revolução que debatia os direitos cívicos, foi um dos últimos países europeus a reconhecer os direitos políticos das mulheres. Apesar do voto feminino ter sido estabelecido em 1944, a plena igualdade de direitos políticos entre os sexos foi consagrada na Constituição Francesa de 1958, que estabeleceu a Quinta República Francesa.
Rússia	Durante a Revolução de 1917, que culminou na derrubada do regime czarista, diversas mudanças foram implementadas pelo governo provisório e pelos sovietes (conselhos operários e camponeses). Uma delas foi o decreto que garantia o sufrágio feminino. **Alexandra Kollontai** foi uma destacada política, diplomata e teórica marxista russa, que desempenhou um papel significativo na revolução e depois no governo bolchevique, sendo uma das

primeiras mulheres a ocupar um cargo ministerial em um governo, servindo como Comissária do Povo para o Bem-Estar Social em 1917.

América do Norte | O Canadá concedeu direito ao voto para as mulheres em 1918. Já a história do movimento sufragista nos Estados Unidos remonta ao século XIX, nascendo em meio à luta contra a escravidão. Apesar de cada movimento dialogar com seu grupo, com o ativismo abolicionista, as mulheres começaram a reivindicar não apenas a abolição da escravidão, mas também seus próprios direitos, incluindo o voto, impulsionadas pelas ativistas inglesas. A vitória veio com a Emenda 19º à Constituição, promulgada em 1919 e ratificada em 1920. Esta emenda foi resultado de décadas de mobilização e resistência por parte das sufragistas americanas, entre elas, líderes influentes como **Alice Paul**, **Susan B. Anthony** e **Alva Belmont**.

Japão | Em 1945, uma nova constituição foi introduzida, garantindo igualdade de direitos e proibindo a discriminação com base no sexo. Sob a nova constituição, o Japão realizou suas primeiras eleições em 1946. Neste ano, as mulheres japonesas conquistaram o direito ao voto e se tornaram elegíveis para cargos políticos.

América Latina | O Equador se tornou o pioneiro a ter ter o voto feminino na América Latina, em 1929.

Antonieta enfrentou as barreiras do racismo e sexismo de sua época, abrindo caminho para outras mulheres e minorias. Sua força e determinação a tornaram um símbolo de resistência e inspiração para as lutas por justiça social.

CAPÍTULO 5

A CONQUISTA DO VOTO NO BRASIL

As primeiras manifestações do sufrágio como ativismo político feminino no Brasil surgiram com o movimento sufragista no início do século XX, influenciado pela Europa e pelos Estados Unidos. No fim do século XIX, o Brasil também estava passando por profundas transformações sociais e políticas, como a abolição da escravatura, com a Lei Áurea, e a substituição da Monarquia pela República, que passou a promover debates sobre cidadania, direitos civis e participação política da população.

Havia também uma crescente industrialização e urbanização, especialmente na região Sudeste. Essas transformações econômicas contribuíram para a inserção de uma classe trabalhadora e o surgimento de movimentos sociais, incluindo o operário, que reivindicavam melhores condições de trabalho e direitos sociais — e no qual as mulheres começaram a ter participação ativa.

Enquanto isso, escritoras, intelectuais e jornalistas começaram a utilizar a literatura e a imprensa como meios de expressão de suas ideias e reivindicações, abordando temas como educação, direitos civis e o sufrágio feminino. Foi então que surgiram as primeiras organizações feministas e ações de ativismo político organizados por elas.

Nísia Floresta, a primeira feminista do Brasil

Hoje em dia, a educação constitui uma parte essencial de nossas vidas. É até difícil imaginar, especialmente para as gerações atuais, que um dia as mulheres foram proibidas de aprender o básico, como ler e escrever. E, ao observarmos a história, percebemos que essa privação não se originava de uma ingenuidade na época, nem de uma falta de consciência ou conhecimento, muito menos de uma mentalidade "primitiva". Pelo contrário, era uma estratégia, uma moral pensada e construída para que as mulheres não questionassem e derrubassem um sistema do qual os homens se beneficiavam. (Estou falando no passado, mas essa situação persiste até os dias atuais.)

Naquela época, somente as meninas de classes mais altas tinham acesso à educação, mas elas eram ensinadas em casa ou em conventos. Em 1827, isso mudou com a autorização do ensino dentro dos colégios, entretanto, o acesso à escola pela classe subalterna só começa a ganhar corpo a partir do século xx, e mesmo assim de forma parcial e dispersa.

De todo modo, a concepção de que o papel central da mulher residia apenas no trabalho doméstico, desempenhando funções de auxiliar, esposa e mãe persistiu. A crença era de que a educação feminina deveria ser suficiente apenas para cumprir esses papéis tradicionais. Assim, mesmo podendo frequentar a escola, as alunas se limitavam ao aprendizado de atividades como bordado, costura, cuidados familiares e conceitos básicos de matemática e línguas.

Havia uma preocupação por parte dos conservadores em relação à educação formal, especialmente no que dizia respeito à leitura e à escrita, por dois motivos: temiam que essas habilidades pudessem ameaçar a estabilidade do lar patriarcal, já que a escrita permitiria que as mulheres se comunicassem para além do círculo familiar, e que a educação mais abrangente poderia comprometer a moralidade e a ordem social, uma vez que elas poderiam questionar as normas estabelecidas.

É nesse contexto que surge Dionísia Gonçalves Pinto, mais conhecida pelo seu pseudônimo **Nísia Floresta Brasileira Augusta**. Nascida em 12 de outubro de 1810 no município de Papary, Rio Grande do Norte, que hoje leva o seu nome, Nísia Floresta é considerada a primeira educadora e jornalista feminista do Brasil.

Nísia era filha de Dionísio Gonçalves Pinto Lisboa, um português liberal e progressista, e da brasileira Antônia Clara Freire. Educadora, poetisa e escritora, Nísia teve acesso à educação formal, um privilégio raro para as mulheres de seu tempo, graças ao incentivo de seu pai.

Porém, aos treze anos, foi forçada a se casar com Manuel Alexandre Seabra de Melo. Pouco tempo depois, indo contra as regras morais da época, Nísia decidiu romper o casamento, mesmo sabendo que enfrentaria duros julgamentos.

Quando o número de mulheres alfabetizadas no Brasil começou a aumentar, o interesse pela leitura também cresceu. O resultado foi o surgimento de jornais que abordavam assuntos voltados exclusivamente para as mulheres, porém eram textos escritos apenas por homens. Esse cenário mudou quando, em 1831, Nísia Floresta passou a escrever para um jornal recifense chamado *O Espelho das Brasileiras*, em que falava sobre os direitos e a educação das mulheres, defendia ideias republicanas e a liberdade para os escravizados.

Em 1832, publicou seu primeiro livro, *Direitos das mulheres e injustiças dos homens*, sob influência das ideias de Mary Wollstonecraft. A obra, uma das primeiras no Brasil a abordar a questão dos direitos femininos, criticava a educação restritiva destinada às mulheres e defendia a igualdade de gêneros e a atuação feminina em cargos públicos. Ao longo de sua vida, Nísia também escreveu diversas obras, que abordam inclusive a escravidão e a cultura indígena brasileira.

> Não se acha diferença real na constituição interna e externa dos homens e das mulheres, senão pela parte dos membros destinados à geração. As diferenças que aí se encontram não são suficientes para concluir que um sexo seja naturalmente mais forte que o outro e mais capaz de suportar as fadigas

da guerra. Não há entre as mulheres diferentes graus de força, assim como entre os homens? Não se encontram fortes e fracos em ambos os sexos? (Floresta, 1832, pp. 79-80)

Ela também passou uma parte significativa de sua vida na Europa, onde continuou sua atividade intelectual e educativa, tendo contato com escolas que seguiam seus ideais progressistas de educação. O envolvimento com círculos intelectuais na França e na Itália ampliou sua visão e reforçou seu compromisso com a causa feminista.

No que dizia respeito à educação, Nísia argumentava que, mesmo que as leis permitissem que meninas pudessem ir à escola desde 1827, elas continuavam a ser educadas principalmente sobre tarefas domésticas. Por isso, ela decidiu abrir um dos primeiros colégios só para meninas no Rio de Janeiro, em 1838, chamado Colégio Augusto, onde as alunas realmente aprendiam matemática, história, ciências, línguas (português, francês e italiano), além de música e dança.

Nísia Floresta faleceu em 1885, na França. Ao defender a educação ampla para mulheres, além de ter se tornado pioneira na história do feminismo no Brasil, ela deixou um legado sobre a importância da educação para que mulheres tenham condições de reivindicar seus direitos e espaços na vida política.

As primeiras conquistas: Leolinda, Celina e Alzira

Desde cedo, **Leolinda de Figueiredo Daltro** já demonstrava uma compreensão da importância da educação como ferramenta essencial para a transformação social e alívio para o sofrimento das pessoas menos favorecidas. Nascida por volta de 1860, na Bahia, viveu a maior parte de sua vida no Rio de Janeiro, especialmente no bairro de Cascadura, onde seguiu carreira como professora primária municipal e dava aulas gratuitas para trabalhadores, tanto homens quanto mulheres.

Antes de se envolver na luta das mulheres, Leolinda defendia as causas indígenas. Por volta de 1896, dedicou-se a uma missão especial: ajudar na educação laica dos indígenas. Deixando para trás o marido e cinco filhos e enfrentando duras críticas, ela decidiu percorrer o interior do país para ensinar indígenas a ler e escrever. Sua dedicação foi tão impactante que contribuiu para a criação de uma organização chamada Serviço de Proteção aos Índios e Localização dos Trabalhadores Nacionais (SPILTN), um avanço significativo para a época.

Quando Leolinda retornou para o Rio de Janeiro, continuou seu trabalho como professora municipal. Mas, não contente em abraçar apenas as causas indígenas, agora queria lutar pelos direitos das mulheres à cidadania e buscou se aproximar de pessoas influentes na época, como os republicanos positivistas, e Orsina da Fonseca, esposa de Hermes da Fonseca, da qual se tornou amiga pessoal.

Nesse período, Leolinda questionava a ausência do sufrágio feminino na legislação e chegou a solicitar seu alistamento eleitoral com base na ambiguidade da Constituição de 1891, mas seu pedido foi recusado, com alegações de que tal concessão ameaçaria a "estrutura familiar brasileira". Ao ter sua tentativa frustrada, em 1910, Leolinda mobilizou mais mulheres na luta pelo direito ao voto e conseguiu reunir 27 mulheres — professoras, escritoras e donas de casa — para assinar a criação do Partido Republicano Feminino (PRF) no Rio de Janeiro, tornando-se a primeira organização pelo sufrágio feminino no Brasil. Inspirado no movimento sufragista inglês, o PRF promovia passeatas e participava de eventos para chamar a atenção da imprensa, defendendo melhores condições de trabalho e educação para as mulheres brasileiras. Mais tarde, em 1922, esse partido seria substituído pela Federação Brasileira pelo Progresso Feminino, fundada pela ativista e advogada Bertha Lutz, de quem vamos falar mais adiante.

Todo o seu envolvimento político somado à sua personalidade e decisões cobrou um preço: Leolinda enfrentava duras críticas e julgamentos por parte da imprensa e da sociedade, que, em muitos casos, não estavam prontas para aceitar uma mulher forte, independente e ativa politicamente. Ela era apelidada de "mulher do diabo".

Sua condição de mulher divorciada que criava seus cinco filhos separada do marido e suas características que a destacavam como uma figura determinada, que denunciava abusos, reivindicava direitos e ocupava espaços públicos desafiavam as convenções sociais da época. Certa vez, ela disse:

> "Se eu tivesse roubado uma galinha, no dia seguinte todos os jornais diriam. [...] Todavia, como eu sou uma simples brasileira, que sonha a emancipação da mulher brasileira e trabalha por isso, ah, meu amigo, sou posta no esquecimento".[30]

Em 1919, Leolinda de Figueiredo Daltro lançou-se como candidata à Intendência Municipal do Distrito Federal, um cargo equivalente ao de prefeito na época. Mesmo não tendo conseguido formalizar a candidatura e conquistado o direito ao voto, sua iniciativa foi simbólica e destacou ainda mais as importantes questões sobre a participação feminina na esfera política, impulsionando movimentos que viriam depois.

Observação: o voto feminino só se tornaria oficialmente lei em 1932. Porém, cinco anos antes, houve uma mulher que conseguiu participar das eleições para senador: a professora **Celina Guimarães Vianna**. Nascida em 15 de julho de 1890, em Natal, Rio Grande do Norte, Celina se tornou a primeira mulher a votar, não só do Brasil, como da América Latina.

O juiz concedeu a ela o direito ao voto com base no argumento de que a Constituição de 1891 não excluía explicitamente as mulheres desse

---

30. https://www1.folha.uol.com.br/cotidiano/2023/11/leolinda-daltro-foi-protagonista-da-luta-pelo-direito-das-mulheres-ao-voto-no-brasil.shtml

direito. Isso aconteceu porque, um mês antes, no Rio Grande do Norte, a legislação eleitoral fora reformada, e uma das novas leis previa o fim da distinção de sexo. Essa regra só foi possível graças à articulação de Bertha Lutz com vários homens influentes na política que aderiram às causas feministas e solicitaram a incorporação da lei na nova legislação.

Entretanto, os votos das potiguares acabaram sendo anulados pela comissão, sob a justificativa de ser "inapurável". Claro que isso era uma forma de resistência contra um movimento que se fortalecia cada vez mais. Mesmo com a anulação, esse acontecimento simbolizou uma conquista e repercutiu pelo país inteiro, fazendo com que mulheres de diversos estados começassem a se inscrever para votar. A mobilização foi tamanha que juízes tiveram que decretar a proibição do voto feminino.[31]

Agora, um fato bastante curioso que expressa o pioneirismo de Celina em outros espaços dominados por homens: Celina teve uma relação significativa com o futebol durante sua atuação na educação infantil. Ela introduziu o esporte na sala de aula, traduzindo do inglês as regras e os termos do futebol para seus estudantes. Além disso, ela assumiu o papel de juíza em partidas de futebol entre 1917 e 1919, possivelmente se tornando a primeira mulher brasileira a apitar jogos, embora não haja registros oficiais.

---

31. VEIGA, E. Celina Guimarães: a história da primeira brasileira a votar. 10 jul. 2022. BBC News Brasil. Disponível em: https://www.bbc.com/portuguese/brasil-62100807. Acesso em: 22 abr. 2024.

Eu não conhecia a história de Celina, mas ela se conectou diretamente com a minha, fez do esporte, nesse caso, o futebol, a sua grande ferramenta de transformação social. Essa é uma das convicções que amadureci na vida política. Primeiro, tudo é política, e segundo, esporte é política pública. Celina nos mostrou como isso é real na prática!

A legislação potiguar não apenas autorizava o voto feminino, como sua candidatura. Em 1928, **Alzira Soriano**, aos 32 anos, tornou-se a primeira mulher eleita prefeita no Brasil e também na América Latina, vencendo as eleições em Lajes, no Rio Grande do Norte. O feito notável chamou a atenção do jornal *The New York Times*, que destacou o acontecimento em uma época que as mulheres brasileiras nem tinham oficialmente direito ao voto.

Nascida em 16 de dezembro de 1888, em uma família rica e tradicional, Alzira passou a se interessar por política quando começou a administrar a fazenda da família, por influência do pai, que era líder político na região. Quando faleceu seu marido, o promotor de justiça pernambucano Thomaz Soriano, com quem tinha três filhas, Alzira, aos 22 anos, começou a assumir um papel mais ativo na vida pública.

Indicada por Bertha Lutz, ela se tornou candidata pelo Partido Republicano, mas precisou enfrentar duras críticas e ofensas de seus oponentes, que chegaram a chamá-la de prostituta por querer se envolver com política. Na eleição municipal em Lajes, ela disputava com Sérvulo Pires Neto Galvão.

Alzira venceu a eleição com 60% dos votos válidos, enquanto Sérvulo, após a derrota, sentiu-se envergonhado e abandonou tanto a política quanto a cidade. Apesar das adversidades e do preconceito enfrentado por ser mulher, Alzira governou Lages por cerca de três anos, implementando medidas progressistas, como a criação de escolas, melhorias na infraestrutura urbana e a defesa dos direitos das mulheres.

Bela, destemida e do lar político: Bertha Lutz

Bertha Lutz foi uma das maiores líderes na luta pelos direitos políticos das mulheres no Brasil. Nascida em São Paulo, em 2 de agosto de 1894, Bertha era filha da enfermeira inglesa Amy Fowler Lutz e do médico Adolfo Lutz, pioneiro na medicina tropical e zoologia no Brasil.

Bertha estudou em São Paulo e depois na França, onde se formou em várias áreas, como botânica, ciências naturais, zoologia, embriologia, química e biologia pela Sorbonne. De volta ao Brasil em 1918, passou em um concurso para ser docente e pesquisadora no Museu Nacional, tornando-se a segunda brasileira a fazer parte do serviço público no país.

Durante o tempo que viveu na Europa, Bertha entrou em contato com o movimento sufragista inglês. Influenciada pelas ideias progressistas, em 1919 ela e outras ativistas fundaram a Liga para a Emancipação

Intelectual da Mulher, uma iniciativa em prol da emancipação e igualdade intelectual das mulheres, especialmente no contexto do sufrágio. Dois anos depois, Bertha foi escolhida para representar as mulheres brasileiras na Assembleia-Geral da Liga das Mulheres Eleitoras, ocorrida nos Estados Unidos. Nesse evento, ela conquistou a posição de vice-presidente da Sociedade Pan-Americana.

Nessa época, a Liga para a Emancipação Intelectual da Mulher se transformou na Federação Brasileira pelo Progresso Feminino (FBPF), uma das principais organizações feministas no Brasil, desenvolvendo a luta pelo direito ao voto feminino. Bertha usava uma estratégia para conseguir dialogar e conquistar adeptos para a causa: ela buscava uma comunicação moderada, dizendo ainda acreditar no papel de "cuidadora do lar" atribuída à mulher, mas que esse conceito de "lar" deveria ser ampliado para outros espaços, como o Congresso Nacional e outras instituições públicas.

Depois de várias décadas de luta e sacrifício, finalmente, em 1932, por meio de um decreto assinado pelo presidente Getúlio Vargas (Decreto nº 21.076), as mulheres brasileiras oficialmente conquistaram o direito ao voto, marcando um importante avanço na participação política feminina no Brasil.

As primeiras eleições com a participação das mulheres ocorreram em 1933, quando puderam votar para a Assembleia Nacional Constituinte.

A médica **Carlota Pereira de Queirós** se tornou a primeira mulher a ocupar uma cadeira na Câmara dos Deputados, representando o estado de São Paulo. De 254 eleitos, ela era a única representante feminina.

E as mulheres negras?

É inegável que a conquista do voto foi um grande avanço, mas, ainda assim, o Código Eleitoral colocava restrições para as mulheres. Caso fossem casadas, deveriam pedir autorização para os maridos, enquanto solteiras e viúvas precisavam comprovar que trabalhavam e tinham uma renda fixa. O voto só veio a se tornar obrigatório para mulheres em 1965. Além disso, analfabetos, tanto homens quanto mulheres, continuavam proibidos de votar.

Agora, imagine a seguinte situação: quando o voto feminino foi decretado, havia se passado pouco mais de duas décadas desde a abolição da escravatura, e, como bem sabemos, as pessoas negras não receberam aparatos necessários do Estado, como indenizações e políticas públicas de inserção, sendo praticamente jogados na sociedade sem condições para uma vida minimamente digna. Isso significa que, com tantas restrições ao voto, a maioria das mulheres negras acabava ficando de fora, já que muitas eram pobres e analfabetas. Por isso, quando falamos sobre a conquista da mulher ao voto, é importante lembrar que estamos falando de apenas uma parcela da população feminina.

Antonieta de Barros: uma trajetória inspiradora e um legado marcante

Nascida em Florianópolis em 1901, Antonieta de Barros se destacou como professora, jornalista, escritora e política, traçando uma vida marcada por pioneirismo e luta por justiça social. Em 1934, tornou-se a primeira mulher negra eleita para um cargo público no Brasil, como deputada estadual em Santa Catarina.

Além disso, fundou e dirigiu o jornal "A Semana", combatendo o racismo e defendendo a igualdade através de suas crônicas. Acreditava no poder da educação e fundou um curso para combater o analfabetismo. Instituiu o Dia do Professor em Santa Catarina, reconhecendo a importância da docência, e lutou contra o racismo e a discriminação, defendendo a igualdade racial e social. Foi membro da Federação Brasileira das Escolas Mocambianas, apoiando a educação de crianças negras.

Antonieta enfrentou as barreiras do racismo e sexismo de sua época, abrindo caminho para outras mulheres e minorias. Sua força e determinação a tornaram um símbolo de resistência e inspiração para as lutas por justiça social.

Mais do que uma figura histórica, Antonieta de Barros é um exemplo de força, inteligência e compromisso com a construção de uma sociedade mais justa e igualitária. Seu legado inspira e motiva gerações a lutarem por seus direitos e seguirem seus sonhos.

As mulheres negras, em 1940, se mobilizaram especialmente nas questões relacionadas ao serviço doméstico, trabalho ao qual a maioria delas recorria por falta de oportunidade (infelizmente, um cenário ainda presente na atualidade). O jornal *Quilombo* foi o principal veículo a chamar a atenção para a situação dessas mulheres. Foi assim que se começou a discutir as questões de gênero com recorte de raça. As mulheres negras chegaram a participar de congressos nacionais e passaram a liderar movimentos, e o feminismo negro ganharia força somente na década de 1970, com o Movimento de Mulheres Negras (MMN).[32]

---

32. SILVA, S. B. G. Feminismo Negro no Brasil: história, pautas e conquistas. 27 nov. 2019. *Politize!* Disponível em: https://www.politize.com.br/feminismo-negro-no-brasil/. Acesso em: 22 abr. 2024.

PARTE 2

DÉCADAS DE 1960 A 1980

Na década de 1960, as mulheres desfrutavam de alguns direitos conquistados, como o de participar das eleições e acessar a educação formal. Mas, na vida cotidiana, a igualdade que elas buscavam ainda estava longe de ser alcançada. Apesar dos avanços, o patriarcado ainda estava inserido na vida privada e não apenas mantinha a mulher dentro de casa, mas não permitia que elas tivessem as mesmas oportunidades de trabalho, remuneração e estudos em universidades. Além disso, os homens, especialmente brancos e de classe alta, ainda detinham o poder nas instituições.

Como se não bastasse, havia esforços para limitar as conquistas femininas. Embora a Declaração Universal dos Direitos Humanos tenha reconhecido oficialmente em 1948 a igualdade entre homens e mulheres, assim como entre os cônjuges, campanhas foram feitas para tentar convencer as mulheres a voltarem para os papéis tradicionais de esposas submissas. Neste assunto, preciso explicar um ponto: não há, nem nunca houve um problema com as atividades do lar. A luta não é para que a mulher simplesmente "saia de casa", mas, sim, que ela possa escolher se trabalhará fora ou não, se será mãe ou não, e, principalmente, que ela encontre menos barreiras para suas escolhas individuais.

Se antes desse período as mulheres estavam lutando pelos seus direitos na política, ou seja, na vida pública, agora elas reivindicavam a liberdade total e a igualdade em todas as esferas, levantando questões como sexualidade, métodos contraceptivos e direitos reprodutivos, violência doméstica, assédio, educação, trabalho e papéis de gênero.

O que as mulheres queriam é que essas questões não mais fossem restritas às decisões privadas, pois entendiam que o corpo era influenciado por estruturas políticas e sociais. O slogan "o pessoal é político", usado como título pela ativista estadunidense **Carol Hanisch**, tornou-se um lema central do movimento feminista da década de 1960. Por isso, ao compreender o corpo como um elemento político, as pessoas procuravam desafiar normas opressivas.

Assim, filósofas e escritoras, como Simone de Beauvoir e Betty Friedan, se tornaram as principais vozes da esfera intelectual feminista.

Em 1949, **Simone de Beauvoir** havia publicado sua obra mais famosa, O Segundo Sexo, que questionava as visões tradicionais sobre as mulheres. Neste livro, ela defendia que a formação da identidade feminina era uma construção social — você já deve ter ouvido a famosa frase: "Não se nasce mulher, torna-se mulher". Ela argumentava que as mulheres não eram consideradas como indivíduos autônomos, mas definidas em relação aos homens, sendo sempre tratadas como "o outro", ou seja, diferentes e subalternas. Essa obra influenciou significativamente mulheres que tinham acesso a estudos e incentivou as mobilizações feministas.

As ideias de Beauvoir passaram a ser mais difundidas e discutidas na década de 1960, marcando uma mudança de paradigma. Ainda assim, a pensadora sofre até hoje perseguições e suposições ainda sem provas sobre sua vida e obra.

Precisamos ter em mente que muitas dessas mulheres nasceram em outra sociedade, tinham outras urgências e visões de mundo muito diferentes das que temos hoje. Além disso, o acesso à informação não era globalizado como agora. Digo isso porque muitas vezes falaremos delas como grandes inspirações, mas também podemos discordar de inúmeros de seus posicionamentos.

Um movimento político, como é o feminismo, é vivo.

Já **Betty Friedan**, jornalista e ativista estadunidense, fundou a Organização Nacional das Mulheres (NOW), em 1966. Seu livro *The Feminine* Mystique, publicado em 1963, também contribuiu para o ressurgimento do feminismo nos anos 1960. Seu capítulo mais famoso, "O Problema Sem Nome", deu voz à insatisfação das donas de casa suburbanas da classe média americana, que, apesar de terem "tudo", se sentiam vazias e infelizes. Ela questionava a ideia de que a realização feminina se resumia ao casamento, à maternidade e aos cuidados domésticos. Suas ideias contribuíram para leis importantes, como a Lei de Igualdade de Salário, de 1963 e a Lei de Direitos Civis, de 1964, que proibiram a discriminação de gênero no trabalho e em outros aspectos da vida nos Estados Unidos da América.

É nesse momento que as vozes das mulheres passam a ser cada vez mais ouvidas. Nos Estados Unidos, por exemplo, a população conservadora foi surpreendida com a onda de lutas feministas e raciais pelos direitos civis. Com esses dois grupos políticos lutando lado a lado, o feminismo também passou a incorporar as questões antirracistas e anticolonialistas.

O colonialismo é um sistema em que determinados países dominam e controlam territórios em outras partes do mundo. Isso geralmente envolvia a exploração de recursos, influência geopolítica e imposição de cultura e governo sobre as populações nativas. As mulheres das regiões colonizadas, por sua vez, eram exploradas e submetidas a condições subumanas.

A ideia de que cada mulher enfrentava formas diferentes de opressão baseadas na própria identidade, como gênero, raça, classe e orientação sexual, começou a ser mais discutida conforme outras pautas foram sendo incorporadas ao feminismo. Para muitas trabalhadoras, a exploração do capitalismo era o principal problema. Para outras, o racismo era um elemento agravante.

Essas diferentes perspectivas resultaram em diversas reivindicações, que partiam de mulheres liberais até socialistas, das camadas mais empobrecidas às mais privilegiadas. Esse movimento passou também a incorporar o protagonismo das mulheres negras e lésbicas, que antes eram marginalizadas dentro das próprias discussões sobre igualdade de gênero. Essas mobilizações passaram a ser organizadas em praticamente todos os continentes.

Enquanto isso, a América Latina dos anos 1960 e 1970 passava por golpes de Estado, resultando em governos ditatoriais que intensificavam ainda mais a mentalidade conservadora, a violência, a censura e a vigilância contra os movimentos políticos. Diferentemente das mulheres estadunidenses e europeias, as mulheres latino-americanas foram fortemente influenciadas pelo contexto da ditadura militar. Suas lutas assumiram um aspecto singular, pois, além de reivindicar direitos iguais no trabalho, saúde e educação, elas foram figuras importantes na resistência e luta contra a repressão.

Em todo o país, inúmeros grupos independentes de mulheres, com uma variedade de ideias políticas, se formaram, buscando promover a conscientização sobre questões de gênero e defender direitos femininos.

CAPÍTULO 6

AS HEROÍNAS DOS ANOS DE CHUMBO

A ditadura militar, que foi desde 1964 a 1985 no Brasil, representou um período desafiador para a participação política feminina, assim como para todas as formas de oposição e ativismo. Mas, mesmo sob repressão, as mulheres desempenharam um papel crucial na resistência ao regime militar e na luta pela democracia.

Lembra que o voto que as mulheres conquistaram em 1932 impunha inúmeras restrições, excluindo uma boa parte da população feminina? Um ano após o golpe militar, em 1965, o Código Eleitoral finalmente decretou a obrigatoriedade do voto feminino, assegurando o acesso de todas as cidadãs brasileiras, de acordo com a Lei nº 4.737.

Enquanto isso, na ala da resistência, estudantes começaram a se unir e a organizar movimentos contra a ditadura, que foram importantes no resgate da presença das mulheres nas ruas. Elas passaram a fazer parte de clubes, associações e comunidades, além de participarem ativamente do movimento estudantil, dos sindicatos e dos partidos políticos. Algumas até pegaram em armas e faziam parte de guerrilhas. Foram as mulheres também que deram início ao movimento pela anistia, do qual falaremos mais adiante.

Mas até mesmo nesses espaços elas sofriam com o machismo. Muitas vezes, os homens não aceitavam completamente a participação feminina, porque acreditavam que suas reivindicações de gênero eram menos importantes do que as questões da ditadura militar. Alguns também argumentavam que a dedicação necessária à maternidade poderia prejudicar a militância, que demandava um comprometimento total. Tudo isso fazia com que poucas mulheres fossem líderes desses movimentos.

Embora houvesse essas resistências, as mulheres começaram a criar grupos dentro das organizações para atender às próprias necessidades. Foi então que, anos 1970, quando a democracia enfrentava graves problemas, mas ao mesmo tempo novos modelos sociais estavam sendo construídos, o feminismo se fortaleceu como um movimento organizado. Em todo o país se formaram inúmeros grupos independentes de mulheres, com uma variedade de ideias políticas, buscando promover a conscientização sobre questões de gênero e defender direitos femininos.

Carmen da Silva e a arte de ser mulher

Carmen da Silva é considerada uma das precursoras do feminismo contemporâneo no Brasil. Nascida no dia 31 de dezembro de 1919, na cidade de Rio Grande, no Rio Grande do Sul, ela se formou como professora primária e, aos 23 anos, decidiu viver no Uruguai. Em Montevidéu, começou a trabalhar no Escritório Comercial do Brasil e em uma organização internacional que se dedicava à defesa política do continente. Mais tarde, foi contratada por uma empresa francesa.

Depois de seis anos, mudou-se para a Argentina e, durante sua estadia em Buenos Aires, formou-se em Psicanálise e tornou-se uma mulher de negócios internacionais na área financeira. Sua jornada teve um ponto de virada quando ganhou de presente o já citado livro *O Segundo Sexo*. A obra de Simone de Beauvoir chamou a atenção de Carmen, assim como outros trabalhos da autora, que se tornaram uma fonte de inspiração para suas ideias.

Em 1963, já de volta ao Brasil, Carmen foi admitida pela Editora Abril, que buscava uma correspondente para a revista *Claudia*. Em sua coluna "A Arte de Ser Mulher", indo contra o conservadorismo da época, Carmen era ousada ao abordar temas tabus, como independência financeira, divórcio, sexo, filhos e protagonismo feminino.

Havia também uma seção chamada "Carmen da Silva responde", na qual ela recebia uma infinidade de cartas (cerca de 400 a 500 por mês), escritas por diversas mulheres — algumas pedindo ajuda e conselhos, outras lhe direcionando insultos. Ela percebeu que, ao assumir esse papel, precisava ter cuidado para não ser radical em suas respostas, e passou mais de vinte anos, através de artigos e cartas respondidas, incentivando mulheres a trabalharem e a conquistarem sua independência financeira.

Seus escritos exerciam tamanha influência que a iniciativa para a criação da "Semana de Debates sobre a Situação da Mulher" no Rio de Janeiro (o embrião do Centro da Mulher Brasileira) veio de suas leitoras, que eram mulheres acadêmicas.

Paralelamente, Carmen era uma participante ativa de movimentos feministas, passeatas e outras manifestações. Mesmo buscando sempre uma abordagem pacífica, durante uma conferência em Goiânia em 1967, Carmen foi ameaçada por alguns maridos que não concordavam com suas ideias e queriam censurá-la para não influenciar suas esposas. Para se proteger, ela tirou uma licença permanente de porte de armas.

Em 1975, Carmen proferiu a conferência de abertura da "Semana de Pesquisa Sobre o Papel e o Comportamento da Mulher Brasileira", que aconteceu na Associação Brasileira de Imprensa (ABI), marcando uma nova era: o feminismo contemporâneo brasileiro.

1975 – O ano internacional das mulheres

Diversos eventos importantes passaram a acontecer a partir da década de 1970. Na Primeira Conferência Mundial sobre as Mulheres, na Cidade do México, em 1975, a ONU decretou aquele o Ano Internacional da Mulher, devido às mobilizações globais. Ainda em 1975 foi oficializado o dia 8 de março como o Dia Internacional da Mulher.

No Rio de Janeiro, as feministas criaram o Centro da Mulher Brasileira (CMB) para reivindicar igualdade salarial, o fim da violência contra a mulher e outros direitos, retomando os movimentos de rua. A organização foi fundamental para pautar o debate público e para que as mulheres pudessem lutar pelos seus direitos de forma institucional. No entanto, o CMB foi o primeiro grupo organizado de feministas que se formou após a chegada das ideias de Simone de Beauvoir ao Brasil.

O CMB surgiu, em 1975, durante o II Encontro Nacional da Mulher Brasileira, realizado pela Associação Brasileira de Imprensa (ABI). Reuniu mulheres de diferentes origens e áreas de atuação, como as jornalistas Helena Silveira, Lilian Tamer, Miriam Queiroz, as psicólogas Maria Augusta Nogueira, Yvonne Bezerra de Mello e as escritoras Nísia Floresta e Lygia Fagundes Telles.

Graças ao trabalho desenvolvido pelo Centro da Mulher Brasileira, propostas significativas como o direito ao divórcio foram instituídas no Código Civil: em 1977, a Lei do Divórcio foi aprovada, tornando-se uma opção legal no Brasil. Além disso, mais tarde, surgiriam as primeiras Delegacias de Atendimento Especializado à Mulher (DEAM).

Outro avanço significativo foi o fim do decreto, instituído na Era Vargas, que proibia mulheres de praticar esportes, por serem considerados "incompatíveis com as condições de sua natureza". Por mais de 40 anos, as mulheres foram proibidas de jogar futebol e depois passou a vigorar o decreto-lei que proibiria todos os esportes. Isso simbolizou um passo importante na conquista desses espaços masculinizados.

Em 1977 foi criado o Movimento Feminino pela Anistia no Brasil, liderado por figuras como **Therezinha Zerbine**. O movimento teve rápida repercussão nacional, reunindo mães e esposas de exilados, perseguidos ou presos durante a ditadura militar. Seu principal objetivo era lutar pela anistia ampla, geral e irrestrita, isto é, pelos direitos civis e políticos desses cidadãos afetados, permitindo seu retorno ao país e ao convívio social sem retaliações.

Muitas mulheres exiladas puderam retornar ao Brasil, e, com elas, vieram junto temas como a descriminalização do aborto, que já eram discutidos em outros países, ganhando destaque no cenário nacional.

Lélia Gonzalez: "A gente não nasce negro, a gente se torna negro"

Até então, as militantes negras eram praticamente invisíveis, tanto nas sociedades, quanto nos próprios movimentos feministas, que não incluíam em suas pautas questões específicas às mulheres negras e eram compostos majoritariamente por mulheres brancas e elitizadas.

Foi entre 1975 e 1990 que ocorreu um aumento significativo em todo o país de movimentos organizados por militantes pretas, que passaram a incentivar cada vez mais o debate em torno do preconceito racial. Foi também nesse período, em 1978, que surgiu o Movimento Negro Unificado (MNU), tendo como uma das fundadoras a filósofa, antropóloga e militante **Lélia Gonzalez**.

Nascida em Belo Horizonte, em 1º de fevereiro de 1935, Lélia de Almeida Gonzalez teve uma origem humilde. Seu pai, Accacio Serafim d'Almeida, negro, trabalhava como ferroviário, enquanto sua mãe, Orcinda Serafim d'Almeida, de origem indígena, desdobrava-se entre cuidar dos filhos, trabalhar como empregada doméstica e até ser ama de leite para outras famílias mineiras. Aos oito anos, Lélia se mudou com toda a família para o Rio de Janeiro.

Assim como muitas mulheres negras, ela começou a trabalhar cedo, desempenhando funções de empregada doméstica e babá. Apesar disso, ela teve boas oportunidades educacionais. Lélia estudou em escolas públicas e, mais tarde, graduou-se em História e Geografia e tornou-se bacharel em Filosofia, e professora universitária.

Explorando seus pensamentos por meio de diversas áreas, como filosofia, psicanálise e religiões como o candomblé, Lélia foi uma verdadeira pioneira para a compreensão mais ampla e inclusiva sobre o feminismo, o que mais tarde chamaríamos de "interseccionalidade". Ao considerar a diversidade racial e cultural da América Latina, ela questionava as desigualdades de raça e classe e de que forma isso intensificava o machismo sofrido por mulheres pretas. Uma de suas frases marcantes, adaptada a partir das palavras de Simone de Beauvoir, era: "A gente não nasce negro, a gente se torna negro".

Em 1978, junto a outros ativistas, Lélia fundou o Movimento Negro Unificado. Em 1982, o Movimento Negro Unificado contra a Discriminação Racial foi fundado, na cidade de São Paulo. Eles reivindicavam políticas públicas, a fim de combater a discriminação e a violência contra pessoas pretas.

Lélia também teve um papel ativo em diversas formas de resistência política durante a ditadura. Por isso, ela era monitorada de perto pelo Departamento de Ordem Política e Social (DOPS), o que não foi o suficiente para fazê-la recuar. Lélia passou 59 anos de sua vida produzindo obras que influenciaram o feminismo brasileiro e até de outros países, como Estados Unidos e França. Ela é uma grande referência até hoje.

A década da mulher

Na década de 1980, a população brasileira, extremamente insatisfeita com a ditadura, pressionava por mudanças, sendo uma delas as Diretas Já. Em 1985, iniciou-se o processo de redemocratização, marcado pela eleição indireta de Tancredo Neves como presidente. Porém, ele faleceu antes de tomar posse, sendo sucedido pelo seu vice, José Sarney.

A transição para a democracia ocorreu de maneira gradual. Durante o Conselho Nacional dos Direitos da Mulher, criado em 1985, mulheres de diferentes regiões contribuíram para a elaboração da Carta das Mulheres Brasileiras aos Constituintes, apresentada na assembleia de inauguração da nova constituinte, a fim de terem seus direitos representados. Em 1988 foi promulgada a nova Constituição, conhecida como "Constituição Cidadã", com muitas de suas reivindicações atendidas e implementadas no texto.

Vale lembrar que, na prática, a situação é bem diferente, e ainda precisamos lutar para ter esses direitos plenamente reconhecidos. Por outro lado, é inegável que essa Constituição marcou um avanço na luta das mulheres, pois as demandas femininas passaram a ser pautadas no âmbito institucional. Por conta desse período de intensas lutas, os anos de 1976 a 1985 foram declarados pela ONU como *a década da mulher.*

Para uma mulher, o julgamento e a cobrança sempre serão mais severos.

CAPÍTULO 7

NA EUROPA, SURGE A DAMA DE FERRO: MARGARET THATCHER

Enquanto a América Latina enfrentava a ditadura militar, a Europa vivia intensas transformações sociais, políticas e econômicas. O continente europeu vivenciava desdobramentos como a Guerra Fria e o processo de descolonização de regiões na África e Oriente. Na virada dos anos 1970 para 1980, o movimento feminista começou a perder força, pois questões como narcotráfico, violência e terrorismo passaram a capturar a atenção no debate público.

O Reino Unido, por exemplo, estava sofrendo uma crise econômica caracterizada por altas taxas de inflação, desemprego crescente, déficits comerciais e industriais, além de conflitos trabalhistas intensos. Em meio a esse cenário, surgiu uma figura singular, que até hoje gera polêmicas quando é discutida nos grupos feministas: **Margaret Thatcher**, popularmente conhecida como a Dama de Ferro, a primeira mulher eleita primeira-ministra do Reino Unido.

Nascida em 1925, em uma família humilde, Thatcher superou os desafios de sua condição econômica e se formou em Química pela Universidade de Oxford, onde se envolveu com política e ascendeu no Partido Conservador, pelo qual se elegeu em 1979.

Durante seu mandato como primeira-ministra, Thatcher enfrentou críticas e elogios por sua firmeza ao lidar com as questões de Estado. Amada e odiada, ela manteve até o fim suas convicções, liderando o país com políticas conservadoras que buscavam liberalizar a economia. A Dama de Ferro também deixou sua marca na arena internacional, colaborando com o presidente dos estados Unidos, Ronald Reagan, para fortalecer o modelo econômico neoliberal.

Apesar de apoiar a legalização do aborto e o fim das leis contra atos homossexuais, Thatcher não foi vista como uma defensora dos direitos das mulheres devido à sua abordagem conservadora e ao seu esforço para se afastar da sua imagem como mulher, afirmando ser uma "mente masculina em um corpo feminino". Ela evitava escolher mulheres como membros de seu gabinete, por exemplo. Ou seja, em sua concepção, para se tornar apta a entrar na política, a mulher deveria ter a inteligência de um homem.

É por esse motivo que o feminismo tende a repudiar Margaret Thatcher, ainda que algumas mulheres afirmem que, querendo ou não, Thatcher foi uma grande feminista, provando a capacidade que a mulher tem de ocupar esses espaços de poder.

Independentemente de Thatcher ser ou não um desserviço para as lutas feministas, sua tentativa de se masculinizar possivelmente poderia se tratar de um mecanismo de defesa. Já imaginou como seria estar em seu lugar durante a Guerra Fria, enfrentando uma grave crise econômica? De fato, ela poderia ter adotado uma abordagem mais suave em algumas declarações, mas isso é menos problemático na sua época do que alguns discursos contemporâneos que promovem a submissão feminina que ouvimos hoje, desencorajando estudo e trabalho.

É possível também dizer que ela buscava criar um contraste com a rainha Elizabeth II (um dos grandes símbolos do Reino Unido), para tentar se destacar e ganhar respeito, e sua postura como "Dama de Ferro" talvez fosse uma necessidade de se proteger e se blindar. Até porque suas políticas e ações foram duramente julgadas com ofensas e críticas que, se tivessem sido criadas por um homem, não teriam recebido.

Note que não estou fazendo uma análise política de sua gestão, nem defendendo-a; apenas ressalto que, para uma mulher, o julgamento e a cobrança sempre serão mais severos.

Todas essas mulheres me fazem refletir sobre um ponto: somos plurais. Falar sobre feminismo, sobre mulheres em espaços de poder e liderança não é falar sobre um tipo específico de mulher. Eu sou uma, você é outra, as mulheres pretas, pardas, indígenas e com deficiência são únicas. O feminismo é vivo, pujante e circular.

Ao mostrar todas essas mulheres, também reviso quem me inspira e só posso dizer que me sinto energizada por todas elas e extremamente motivada para garantir que as próximas vivam em uma sociedade melhor do que a que vivo hoje.

PARTE 3

A VIRADA DO SÉCULO XX PARA O XXI

Nos anos 1980, a sociedade brasileira começou a perceber de maneira mais ampla as discriminações enfrentadas pelas mulheres. A Constituição de 1988 foi um marco, sobretudo porque várias propostas reivindicadas pelos movimentos feministas, como saúde, trabalho e segurança, foram atendidas.[33] Inclusive, foi assim que as mulheres conquistaram o direito à licença maternidade, o que contribuiu para um ambiente de trabalho mais justo e igualitário.[34] Apesar de muitas vezes essas transformações só existirem no papel, foi um avanço significativo e, sem dúvida, chamou ainda mais a atenção pública.

Foi também nos anos 1980 que a população brasileira enfrentou uma grande recessão econômica, com inflação alta, endividamento externo, instabilidade política, diminuição da produção de bens e serviços e aumento do desemprego. Diante dessa situação, as mulheres sentiram a necessidade de contribuir nas despesas da casa, se inserindo ainda mais no mercado de trabalho. Além disso, durante esse período houve um aumento da participação feminina em movimentos populares, que discutiam pautas como sexualidade, violência contra a mulher e os papéis de gênero.

Laélia de Alcântara se destacou como a primeira senadora negra e a segunda mulher a ocupar uma cadeira no Senado na história republicana, em 1981. Outro feito importante foi protagonizado por **Iolanda Fleming**, que se

---

[33]. Linha do tempo das leis femininas na constituição: https://www.jusbrasil.com.br/artigos/direitos-das-mulheres-na-legislacao-brasileira-e-na-jurisprudencia-do-stf-e-do-stj-linha-do-tempo/2210718007

[34]. Propostas de lei feitas por mulheres a partir de 1985: https://www.justicaeleitoral.jus.br/tse-mulheres/#legislacao

tornou a primeira mulher a governar um estado brasileiro. No jurídico, **Cnéa Cimini Moreira de Oliveira** foi nomeada Ministra do Tribunal Superior do Trabalho (TST) em março de 1990, tornando-se a segunda mulher no mundo a ocupar um cargo ministerial em tribunal superior.

No âmbito global, houve progressos em áreas como educação e emprego, com mais mulheres buscando e obtendo acesso a oportunidades anteriormente restritas. A essa altura, após lutas intensas e grandes conquistas, muitas pessoas acreditavam que a desigualdade de gênero havia acabado. Diziam que a geração atual de meninas já nascia desfrutando desses direitos e que, portanto, sua luta não se fazia mais necessária.

Porém, apesar dos avanços, boa parte da brutalidade política brasileira — assim como na América Latina toda —, que não só continuava ignorando as minorias, como também oprimindo, encontrava suas raízes no turbulento cenário político das décadas de 1990 e 2000.

As feridas deixadas pelo regime autoritário ainda estavam frescas, e a sociedade estava às voltas com a busca por uma identidade política e social em uma democracia em formação. O país estava se adaptando ao novo tipo de governo, mas a confiança nas instituições políticas estava abalada, impregnadas de escândalos de corrupção e falta de transparência.

É fato que houve um aumento gradual na participação das mulheres em cargos eletivos. Mas, embora estivessem conquistando espaço em várias áreas da sociedade, ainda enfrentavam desafios significativos na política. Sua participação na política continuava notadamente limitada, enfrentando barreiras sistêmicas, estereótipos de gênero profundamente enraizados e a falta de representatividade nos cargos públicos. Além disso, um problema persistia: uma parcela das mulheres ainda não tinha seus direitos garantidos, nem mesmo se sentia representada pelos movimentos feministas, já que os grupos ainda continuavam sendo compostos pela maioria branca e de classe média. Apesar de termos mulheres negras já eleitas nesse período, estávamos longe de ter essa parcela da população representada — como ainda estamos até hoje. As discussões existiam, mas não eram suficientes para mitigar esse problema.

Então, no início dos anos 1990, ativistas estadunidenses como **Rebecca Walker** e **Jennifer Baumgardner** chamaram a atenção para o sexismo persistente, convidando a nova geração de meninas a participar das lutas feministas. Esse movimento, que emergia na transição das décadas, buscava corrigir as falhas da fase anterior, criticando o próprio movimento e gerando novas ideias e estratégias.

As novas propostas incluíam o combate ao preconceito de classe e impulsionavam o movimento feminista negro, reforçando ainda mais as pautas identitárias, como raça, classe e religião. A filósofa e feminista negra **Djamila Ribeiro** aponta que o feminismo pode contribuir para a manutenção da supremacia branca se não levar em consideração as experiências e as lutas de outras mulheres, que enfrentam discriminação não apenas pelo seu gênero, mas também pela sua cor. Segundo ela, o feminismo que não leva em conta as experiências plurais pode acabar reproduzindo e perpetuando estruturas de poder que beneficiam somente as mulheres brancas em detrimento das outras.

A VIRADA DO SÉCULO XX PARA O XXI

Com o feminismo negro ganhando força, a interseccionalidade, que reconhece como as identidades e experiências de opressão são moldadas por uma variedade de fatores interligados, como raça, gênero, classe social, orientação sexual, habilidade física, entre outros, passou a ser cada vez mais debatida nas instituições.

Enquanto isso, o mundo estava passando por mudanças complexas em suas estruturas políticas e administrativas. Em 1991 terminava a Guerra Fria, um período tenso de rivalidade política e militar que se iniciou após a Segunda Guerra Mundial, entre os Estados Unidos (capitalista) e a União Soviética (socialista). Essas duas superpotências não chegaram a lutar diretamente, mas estavam em constante disputa, cada uma tentando mostrar que seu sistema político era melhor e, junto a seus países aliados, dividindo o mundo.

Com a dissolução da União Soviética e a queda do muro de Berlim, as diferenças ideológicas diminuíram. Essas mudanças transformaram significativamente o cenário geopolítico global e moldaram as relações internacionais nas décadas seguintes. E, claro, isso também influenciou questões femininas, já que foi um período em que ocorreram várias conferências importantes com o objetivo de promover e garantir os direitos humanos. Alguns exemplos incluem a Conferência Mundial de Direitos Humanos, realizada em Viena, em 1993, a Conferência Internacional de População e Desenvolvimento, realizada no Cairo, em 1994, que discutiu os direitos sexuais e reprodutivos das mulheres, e a Cúpula Mundial para o Desenvolvimento Social, realizada na Dinamarca, em 1995, que abordou questões femininas relacionadas à pobreza e ao desemprego.

Hillary Clinton discursou no evento e declarou que "os direitos humanos são direitos das mulheres, e os direitos das mulheres são direitos humanos". Mais tarde, em 2016, Clinton se tornaria a primeira mulher a concorrer às eleições presidenciais dos EUA.

CAPÍTULO 8

PRINCESA ÀS AVESSAS

Em meio ao cenário de grandes transformações mundiais, despontava uma figura icônica e polêmica por desafiar os padrões do final século XX: **Diana Frances Spencer**, mais conhecida como princesa Diana. Nascida em 1961, na Inglaterra, ela se destacou não apenas como esposa do príncipe Charles, herdeiro do trono britânico, mas também por sua ousadia em quebrar tradições e valores da Família Real relacionados ao papel social da mulher.

Diana fazia parte de uma família aristocrática, sendo filha de John Spencer, o oitavo conde Spencer, e Frances Shand Kydd. Apesar de sua origem nobre e rica, Diana não seguiu o caminho acadêmico formal que muitos esperariam de alguém de sua posição. É importante notar que a educação em casa era comum para crianças da aristocracia britânica na época. Após concluir seus estudos, Diana trabalhou como professora de balé na Young England School em Londres e babá para crianças de famílias aristocráticas.

Sua vida tomou outro rumo quando conheceu o herdeiro do trono britânico em 1977. O relacionamento rapidamente evoluiu e, mesmo tendo se encontrado pessoalmente poucas vezes, Diana e o príncipe Charles anunciaram o noivado. Ela tinha 19 anos.

Diana se tornou oficialmente a princesa de Gales (Lady Di, como ficou conhecida) em 29 de julho de 1981, iniciando uma nova fase de sua vida como membro da realeza britânica. O casamento aconteceu em uma cerimônia que atraiu a atenção do mundo inteiro e capturou a imaginação e o coração de muitas mulheres, que viam sua vida como um verdadeiro conto de fadas. O que, na realidade, estava mais para um conto do vigário.

O casamento real ainda era permeado por regras machistas, como ser virgem antes do casamento e a pressão para gerar herdeiros masculinos para o trono. Essas normas refletiam a persistência de valores patriarcais que limitavam o papel das mulheres em instituições como a monarquia. Porém, nessa época, as ideias de liberdade individual e igualdade de gênero, heranças dos movimentos de contracultura dos anos 1960 e 1970, já estavam a todo vapor.

O tradicionalismo e os rituais arcaicos da monarquia começaram a ser questionados e até satirizados. Durante o matrimônio da princesa Diana, movimentos feministas ingleses saíam às ruas para protestar, levantando placas escrito *"Don't do it, Di"* (Não faça isso, Di).

A presença de Lady Di na família real, no entanto, representou uma lufada de ar fresco da imagem da realeza para o povo britânico, ela não aceitou as normas patriarcais, enfrentou a família real que se incomodava com a sua popularidade e afirmações e pagou o preço por não ceder às opressões da monarquia. Diana personificou uma nova era da realeza britânica, que foi obrigada a se expor perante o povo em vários momentos, como o reality show que participaram, tentando inúmeras vezes retomar o protagonismo da imagem da rainha Elizabeth II.

O reinado de Elizabeth II, simbólico para o empoderamento feminino à época, também refletiu a natureza conservadora da monarquia britânica. Enquanto sua presença como mulher no trono desafiou normas de gênero, o papel da monarquia permaneceu largamente cerimonial e tradicional. Elizabeth II conduziu seu reinado com um foco na estabilidade e continuidade, mantendo muitas das práticas e valores históricos, por vezes patriarcais, mesmo ela sendo a matriarca da monarquia. A instituição em si, marcada por uma hierarquia rígida e uma forte adesão ao protocolo, muitas vezes contrastou com as mudanças sociais e a crescente luta por igualdade de gênero. Assim, seu reinado buscou representar um equilíbrio entre a inspiração para o empoderamento feminino e a preservação de tradições conservadoras.

Em ocasiões anteriores, as mulheres que se casavam na monarquia tinham que proferir os votos que incluíam a promessa de obedecer aos maridos. Esse gesto refletia a ideia tradicional de submissão da esposa ao esposo. No entanto, quando Diana se casou com o príncipe Charles, ela se recusou a seguir essa norma. Com a autorização da realeza, tirou esse trecho do seu discurso e, assim, realçou que mulheres poderiam reivindicar sua autonomia e igualdade em seus casamentos, mesmo em um ambiente de Família Real.

A vida da princesa Diana foi uma jornada repleta de desafios, com destaque para sua saúde física e mental, seu relacionamento conturbado com a família real e seu casamento tumultuado. Ela enfrentou a bulimia, tinha tendências suicidas e chegou a se automutilar como uma resposta à pressão intensa dos protocolos reais e à infidelidade do marido. Ela usou a mídia como forma de expor a outra face da família real, que muitas vezes era fria, maldosa e insensível. Uma postura corajosa que teve um impacto significativo, gerando discussões importantes sobre saúde mental, que na época era estigmatizada.

Diana foi uma das figuras públicas mais fotografadas de sua época, com atenção constante da mídia voltada para sua vida pessoal, e ela utilizou sua popularidade e a cobertura midiática para destacar questões sociais e causas humanitárias. Lady Di transformou sua posição real em uma plataforma para fazer política em todos os espaços, não apenas nos salões da realeza, mas também em questões sociais urgentes.

Ela esteve, por exemplo, bastante envolvida na conscientização e combate ao HIV e à aids, uma doença que, durante os anos 1980 e 1990, carregava muitos estigmas e desinformação. Além de apoiar campanhas e arrecadar fundos para pesquisas e tratamento, ela decidiu fazer uma visita emblemática a um centro de tratamento de aids, onde abraçou e cumprimentou pacientes soropositivos sem usar luvas. Esse gesto desafiou o estigma na época de que a doença poderia ser transmitida pelo toque. Ela, inclusive, sentou-se na cama em que um paciente estava deitado. Isso trouxe visibilidade para a causa e incentivou uma mudança na percepção pública sobre a aids.

Infelizmente, no dia 31 de agosto de 1997, em um evento trágico que abalou o mundo, princesa Diana faleceu em um acidente de carro. Ela estava sendo perseguida por paparazzis e, para piorar a situação, o motorista estava alcoolizado. A notícia de sua morte causou tristeza em todo o mundo. Esse acontecimento levantou questões sobre a ética na busca por notícias sensacionalistas e a necessidade de regulamentações da imprensa para proteger a segurança e a privacidade das figuras públicas.

Lady Di, a Princesa Diana, deixou um legado multifacetado e duradouro que transcende fronteiras e gerações. Mais do que um ícone da realeza britânica, ela se tornou um símbolo global de compaixão, humanitarismo e força interior, inspirando milhões de pessoas ao redor do mundo. Ela desafiou o estigma e o medo da aids, abraçando pacientes e conscientizando o público sobre a importância da prevenção e do tratamento. Sua campanha incansável pela proibição de minas terrestres contribuiu para salvar milhares de vidas e membros, especialmente em países afetados por conflitos armados.

Certamente, ela causou muitas noites sem sono para a rainha Elizabeth e fez com que ela perdesse alguns fios de cabelo.

Certa vez, ela disse: "As pessoas acham que, no fim das contas, um homem é a única resposta. Na realidade, uma ocupação com propósito é melhor para mim". Essa declaração revela sua determinação em buscar uma vida significativa por meio de suas próprias realizações, desafiando a ideia de que o papel da mulher se limita a ser submissa a um homem.

O legado de Lady Di continua vivo de diversas maneiras. A organização Princesa Diana Memorial Fund criada por seus irmãos e filhos continua seu trabalho humanitário em diversas áreas e o Diana Award, premia anualmente jovens que demonstram qualidades como liderança, compaixão e compromisso com o próximo, inspirando-se em seus valores.

Ela não se contentou em ser apenas uma consorte real decorativa, ao contrário, buscou imprimir sua marca, tomando as rédeas da própria vida e fazendo escolhas que iam além das convenções estabelecidas.

Os direitos humanos são direitos das mulheres

Em 1995, ocorreu um evento crucial para o progresso das mulheres em todo o mundo: a IV Conferência Mundial sobre a Mulher, realizada em Pequim, um evento internacional que reuniu representantes de 184 países, com membros de organizações não governamentais (ONGs), ativistas e mulheres de diversas etnias. O principal objetivo da conferência foi discutir questões relacionadas aos direitos femininos e elaborar estratégias globais para promover a igualdade de gênero e proteger os direitos humanos das mulheres.

Durante a conferência, foram abordados temas como discriminação de gênero, violência contra mulheres e acesso à educação, saúde reprodutiva e participação política. A então primeira-dama dos Estados Unidos e líder da delegação estadunidense na conferência, Hillary Clinton, discursou no evento e declarou que "os direitos humanos são direitos das mulheres, e os direitos das mulheres são direitos humanos". Mais tarde, em 2016, Clinton se tornaria a primeira mulher a concorrer às eleições presidenciais dos EUA.

Como resultado, os países participantes assinaram dois acordos fundamentais: a Declaração de Pequim e a Plataforma de Ação, que até hoje são considerados os documentos mais visionários que tratam da igualdade de gênero. Esses acordos reconheceram os avanços, mas também destacaram os desafios persistentes, comprometendo-se a adotar medidas para combater discriminações e desigualdades de gênero.

A Conferência de Pequim teve um grande impacto global e ajudou a conscientizar as pessoas sobre a importância dos direitos das mulheres, influenciando diretamente as políticas adotadas em diversos países.

A ascensão da política de cotas

A Plataforma de Ação de Pequim, que buscava equilibrar o poder entre homens e mulheres, colocou em pauta um sistema de cotas que reserva vagas em eleições para que mais mulheres pudessem participar na política. Durante a conferência, os países assinaram um acordo se comprometendo a alcançar, em cinco anos, a presença de 30% de mulheres na política.[35]

O Brasil foi o quarto país da América Latina a implementar a política de cotas. A Lei n.º 9.100/95 estabeleceu que, no mínimo, 20% das vagas de cada partido ou coligação nas eleições municipais deveriam ser ocupadas por candidatas mulheres. A partir dessa implementação, os partidos passaram a promover campanhas direcionadas a atrair mais mulheres para a política e, com isso, foram obrigados a incluir pautas femininas em suas propostas. Era a primeira vez que o Brasil estava adotando uma ação afirmativa para aumentar a representação das mulheres na política.

Cerca de 1% das mulheres eram eleitas a cada quatro anos. Com a nova regra, em 1996, houve um aumento significativo: o número de vereadoras eleitas passou de 8% em 1992 para 11% em 1996. Além disso, mais mulheres foram eleitas para cargos no executivo: em 1992, elas eram 3% do total de prefeitos, e em 1996, subiram para 6%. Dados do Instituto Brasileiro de Administração Municipal (IBAM), desde 1934.

---

35. Declaração e Plataforma de Ação da IV Conferência Mundial sobre a Mulher: https://www.onumulheres.org.br/wp-content/uploads/2013/03/declaracao_beijing.pdf. Acesso em: 10 jul. 2024.

Dois anos depois, essa lei foi alterada para a Lei 9.504/97, elevando o percentual mínimo de candidaturas femininas para 30% em eleições proporcionais, ou seja, tanto para deputados municipais quanto federais.

No entanto, a lei não conseguiu atingir seus objetivos. Muitos partidos aproveitaram suas brechas para justificar a exclusão das mulheres. Embora a legislação determinasse a reserva de 30% para candidaturas femininas, os partidos que não "conseguiram" cumprir as cotas argumentaram que a reserva era obrigatória, mas não a candidatura. Os partidos acabaram não sendo penalizados, porque houve a interpretação do Congresso Nacional de que não adiantaria reservar as vagas se as mulheres não tinham interesse em participar da política.

Somente 12 anos depois, o TSE, junto à bancada feminina, conseguiu alterar essa legislação na Lei 12.034/09, que obrigava os partidos a preencherem no mínimo 30% e no máximo 70% das vagas para cada sexo, visando equilibrar a representação e incentivar a participação de ambos os sexos, sem permitir que as cotas se tornassem desproporcionalmente favoráveis a um gênero em detrimento do outro.

Mas o desafio não é só chegar lá, como também se manter lá. Como podemos criar uma rede forte o suficiente para que os espaços sejam ocupados e mantidos?

CAPÍTULO 9

SÉCULO XXI: A ERA DO COMBATE À DESIGUALDADE DE GÊNERO

Na virada do século XX para o XXI, a internet se tornou acessível ao público em geral, transformando radicalmente a forma como as pessoas se comunicavam e compartilhavam informações, como e-mails, plataforma de bate-papo on-line, blogs, fóruns e, mais tarde, as redes sociais.

Ideias feministas que antes estavam restritas a pequenos grupos, com o avanço da internet e das redes sociais, começaram a ocupar espaços maiores, chegar a mais mulheres e fazer parte dos meios de comunicação.

As mulheres que já usufruíam do mínimo de garantias legais, como acesso à educação, possibilidade de divórcio e, em alguns países, o direito ao aborto seguro, persistiram em sua luta. Não apenas se engajaram nas novas demandas, como também continuaram lutando por aquelas que ainda não haviam conquistado direitos básicos, permanecendo firmes em sua reivindicação pelo mínimo essencial para a igualdade e dignidade.

Em 8 de março de 2000 aconteceu a Marcha Mundial das Mulheres (MMM), movimento feminista global que combatia a pobreza e a violência contra a mulher. Mais de 6 mil grupos em mais de 150 países realizaram manifestações e eventos para destacar as questões enfrentadas pelas mulheres. O movimento obteve 5 milhões de assinaturas em um documento que continha suas reivindicações, entregue à ONU.

Durante o governo de Fernando Henrique Cardoso (FHC), que compreendeu os anos de 1995 a 2002, um marco significativo foi a aprovação do Código Civil que desfez a figura jurídica do "chefe de família", um conceito legal que conferia ao homem certos direitos e responsabilidades exclusivas no âmbito familiar, como a administração dos bens. Isso refletia uma perspectiva patriarcal e desigual nas relações familiares. A mudança representou um passo importante em direção à igualdade de direitos e deveres entre homens e mulheres na "sociedade conjugal".

Além disso, foi durante seu governo que foi nomeada a primeira mulher para o cargo de ministra do STF. **Ellen Gracie Northfleet** não apenas foi a primeira a integrar o tribunal, como a pioneira a presidi-lo mais tarde, em 2006. A nomeação de Ellen Gracie para o mais alto cargo do poder Judiciário brasileiro simbolizou uma quebra de barreiras históricas.

Em 2003, no início do governo Lula, foi criada a Secretaria Especial de Políticas para as Mulheres, com status de Ministério. A criação de um órgão específico para lidar com as políticas voltadas para as mulheres representa o reconhecimento da importância das pautas femininas na agenda governamental. Além disso, programas sociais implementados durante seu governo, como o Bolsa Família, tiveram impacto positivo nas condições de vida das mulheres, sobretudo aquelas em situação de vulnerabilidade socioeconômica.

Foi no ano de 2006 que houve um grande avanço na proteção das mulheres no Brasil, com a aprovação da Lei Maria da Penha. A lei recebeu esse nome em homenagem a Maria da Penha Maia Fernandes, uma mulher corajosa que enfrentou anos de violência doméstica, sofrendo duas tentativas de feminicídio. O episódio mais marcante ocorreu em 1983, quando seu marido deu um tiro em suas costas enquanto ela dormia, deixando-a paraplégica. Após esse episódio, ela iniciou uma longa batalha judicial para que seu agressor fosse responsabilizado pelo crime. O processo judicial se arrastou por anos, marcado pela impunidade.

Diante disso, Maria da Penha levou o caso à Comissão Interamericana de Direitos Humanos, da Organização dos Estados Americanos (OEA), argumentando que o Estado brasileiro não havia oferecido proteção adequada a ela, nem mesmo responsabilizado o agressor de maneira eficaz. Sua persistência resultou em importantes mudanças legislativas no Brasil.

A Lei Maria da Penha foi criada para combater a violência contra as mulheres em diferentes formas — física, psicológica, sexual, patrimonial e moral —, especialmente no âmbito doméstico e familiar, com delegacias especializadas para acolher, ajudar e entender as necessidades das vítimas.

Dilma Rousseff e a violência política

O modelo presidencial foi instituído no Brasil em 1889, com a Proclamação da República. Nesses 135 anos, tivemos 39 presidentes, porém apenas uma vez foi uma mulher, eleita em 2010. Seu nome? **Dilma Vana Rousseff**.

Nascida em 14 de dezembro de 1947, em Belo Horizonte, filha do imigrante búlgaro Pedro Rousseff e da professora carioca Dilma Jane da Silva, a vida política de Dilma Rousseff começou a se moldar na juventude, aos 16 anos, quando se engajou no movimento estudantil. Mais tarde, participou ativamente da resistência à ditadura militar, ingressando em organizações de esquerda e lutando pela democracia e justiça social. No entanto, sua luta a levou a enfrentar perseguições, prisão e tortura durante os anos de chumbo.

Em 1973, após três anos presa, Dilma mudou-se para Porto Alegre, onde consolidou sua carreira política. Graduada em Economia pela Universidade Federal do Rio Grande do Sul (UFRGS), ocupou cargos importantes no governo estadual, incluindo a Secretaria da Fazenda. O salto para a política nacional ocorreu em 2002, quando foi indicada pelo presidente Luiz Inácio Lula da Silva para o Ministério de Minas e Energia. Três anos depois, tornou-se a primeira mulher a chefiar a Casa Civil, cargo que ocupou até 2010.

Naquele ano, Dilma, aos 63 anos, fez história ao se tornar a primeira mulher eleita presidente do Brasil. A eleição representou um marco significativo, simbolizando a quebra de barreiras de gênero em um cenário político historicamente dominado por homens. Demonstrando sua popularidade, em 2014 Dilma foi reeleita.

Seu governo foi caracterizado por iniciativas como o programa Minha Casa, Minha Vida e o Brasil Sem Miséria, voltados para a redução da pobreza e promoção da inclusão social. Houve avanços no combate à violência doméstica, na representatividade feminina na política e na independência financeira das mulheres.

Um destaque foi a maior presença das mulheres no mercado de trabalho formal, impulsionada por programas como o Bolsa Família e iniciativas de acesso à educação, como o Pronatec. Segundo o relatório da ONU Mulheres 2016, de um total de 4,4 milhões de pequenos negócios, 865.739 eram pessoas que recebiam o Bolsa Família e, entre elas, 57% eram mulheres. O impacto dessas políticas foi especialmente significativo para elas, porque resultou em um aumento expressivo no número de microempreendedoras individuais, passando de 21 mil em 2009 para 2,1 milhões em 2014.[36]

Dilma também demonstrou um compromisso com o combate à violência contra a mulher. Em 2015, ela sancionou a lei que tipifica o crime de feminicídio, aumentando as penas previstas no Código Penal para a violência de gênero, isto é, crimes cometidos pelo simples fato de

---

36. ONU MULHERES. Mais igualdade para as mulheres brasileiras: caminhos de transformação econômica e social. Disponível em: https://www.onumulheres.org.br/wp-content/uploads/2016/05/encarte-Mais-igualdade-para-as-mulheres-brasileiras_site_v2.pdf. Acesso em: 10 jul. 2024.

a vítima ser mulher, reconhecendo a gravidade e a motivação de gênero por trás dessas ocorrências.

Em relação à representatividade política feminina, Dilma adotou medidas para fortalecer não só o ingresso da mulher na vida pública, como nomeá-las para cargos de liderança. Um dos projetos foi a Lei nº 13.165, que obrigou os partidos políticos a destinarem 20% do tempo de propaganda gratuita no rádio e na TV para candidatas e o TSE a realizar campanhas em anos de eleição para incentivar a participação feminina e atrair candidaturas.

Durante seu mandato, Dilma nomeou o maior número de ministras mulheres na história do país, totalizando 18 em diferentes momentos. Entre elas, **Rosa Maria Pires Weber**, nomeada ministra do STF, e Cármen **Lúcia Antunes Rocha**, a primeira mulher a presidir o TSE.

Entre 2015 e 2016, teve início o processo de impeachment de Dilma, com acusações de "pedaladas fiscais", que significam práticas financeiras consideradas ilegais, como o atraso de repasses de recursos a bancos públicos para melhorar temporariamente a situação fiscal do governo.

Aproximadamente 46 denúncias por crime de responsabilidade foram feitas contra Dilma, mas somente uma, apresentada por Hélio Pereira Bicudo, Miguel Reale Júnior e Janaína Conceição Paschoal, foi aceita pelo então presidente da Câmara dos Deputados, Eduardo Cunha. O processo passou pela Câmara dos Deputados, onde as acusações foram analisadas e votadas. Com a aprovação da maioria, o caso seguiu para o Senado.

No Senado, ocorreu um julgamento presidido pelo presidente do STF. Para o impeachment ser efetivado, era necessário o voto favorável de dois terços dos senadores. E então, em agosto de 2016, o Senado decidiu, com 70% dos votos válidos, pelo afastamento definitivo de Dilma Rousseff, resultando na perda de seu mandato presidencial. Michel Temer, então vice-presidente, assumiu a presidência.

Esse processo gerou intensos debates sobre sua legitimidade, sendo considerado por alguns como uma medida necessária diante das irregularidades fiscais e por outros como um golpe político. Se foi legítimo ou não, fato é que todo esse julgamento foi permeado por muitos discursos e atos machistas, tanto por parte dos políticos, quanto da mídia e do público.

O julgamento de Dilma foi marcado por elementos misóginos e machistas, escancarando os preconceitos de gênero que permeiam todo o cenário político. A ex-presidenta enfrentou não apenas acusações políticas, mas também ataques baseados em estereótipos de gênero, com discursos que menosprezavam sua capacidade por ser mulher. Houve até um deputado que, durante a votação no plenário, bateu continência para o coronel Carlos Brilhante Ustra, o torturador de Dilma quando ela esteve presa durante a ditadura militar.

Na mídia e na imprensa, imagens e narrativas que retratavam Dilma como emocionalmente instável, desequilibrada e louca foram intensamente difundidas. O próprio debate político, em muitos casos, foi permeado por comentários sexistas e discriminatórios, desviando o foco das questões políticas para aspectos pessoais relacionados ao gênero. Nas redes sociais, os ataques eram diversos: vaca, safada, vagabunda, "vai lavar louça", "vai limpar a casa", enviada do diabo, amaldiçoada, bruxa macumbeira, "vou te dar um murro na cara", "tenho nojo de mulher", "só tomando chicotadas pra aprender".[37]

O que reforça ainda mais a tese de que Dilma pode ter sido vítima de um julgamento misógino é o fato de que o suposto crime cometido por ela é uma prática também presente em outras gestões e que foram autorizados em lei anos após o impeachment. Segundo análise da Agência Pública, pelo menos 17 governos estaduais entre 2013 e 2014 praticaram as pedaladas fiscais.[38] O ponto é: por que somente Dilma foi punida?

Cientistas políticos afirmam que Dilma foi penalizada por não ter articulação com o Congresso Nacional e por não se submeter a certos acordos políticos. Em nosso sistema de presidencialismo de coalizão, as alianças são fundamentais para a governabilidade do presidente e para uma figura forte na chefia do Executivo. Mas aqui quero levantar outro ponto: Dilma não era novata ou inocente nesse mundo, ela sabia de tudo isso. Talvez, quem não soubesse lidar com uma mulher presidente do Brasil era o restante...

Além do mais, diziam que ela era uma "marionete" do Lula, que foi por causa dele que ela ganhou as eleições e que ela governava a mando do ex-presidente, fazendo apenas o que os homens do seu partido queriam. De repente, o discurso mudou abruptamente e tudo passou a ser

---

37. STOCKER, P. C.; DALMASO S. C. Uma questão de gênero: ofensas de leitores à Dilma Rousseff no Facebook da Folha. Revista Estudos Feministas. Disponível em: https://www.scielo.br/j/ref/a/5v RhXh4H456nRzPHDQzkdrJ/?lang=pt#. Acesso em: 10 jul. 2024.

38. hMEDEIROS, E. Pelo menos 17 governadores pedalaram impunemente. Agência Pública. 8 jun. 2016. Disponível em: https://apublica.org/2016/06/truco-pelo-menos-17-governadores-pedalaram-impunemente/. Acesso em: 10 jul. 2024.

culpa dela. Eles recebem os aplausos, mas, quando querem apontar os problemas, ela foi a única culpada.

Durante a votação do impeachment na Câmara, as deputadas também enfrentaram hostilidades e tentativas de silenciamento ao expressarem seus votos. Algumas mulheres também apoiaram o impeachment. Na época, não havia nenhuma legislação que protegesse as mulheres da violência de gênero no âmbito político. Somente em 2021 foi promulgada a Lei 14.192, estabelecendo normas para prevenir, reprimir e combater a violência política contra as mulheres. Essa iniciativa legal representou um marco significativo, proporcionando um ambiente mais seguro e justo para a participação feminina na esfera política.

Quando uma mulher é vítima de violência de gênero na política, todas sofrem as consequências, independentemente de suas posições políticas. Seja ela de direita e conservadora, como Margaret Thatcher, ou de esquerda progressista, como Dilma Rousseff, ambas foram alvo de julgamentos desproporcionais, marcados por comentários misóginos que, dificilmente, seriam dirigidos a um homem.

A ascensão de outros protagonismos

Embora tenhamos presenciado avanços significativos, as melhorias ainda não alcançaram todas as mulheres de maneira igual, sobretudo negras, indígenas e trabalhadoras rurais, cujos avanços são pouco expressivos comparados aos avanços para as mulheres brancas.

Nos últimos anos, registramos algumas conquistas, como a posse da primeira mulher indígena como deputada federal, **Joênia Batista**, em 2018. Nascida na etnia wapixana, na etnorregião do Murupu (RR), Joênia foi a primeira indígena a se formar em Direito no país e desempenhou um papel crucial na demarcação da Reserva Raposa Serra do Sol, em Roraima. Além disso, ela foi a primeira presidente da Comissão de Direitos dos Povos Indígenas da Ordem dos Advogados do Brasil (OAB).

Tivemos também avanços significativos com a eleição das primeiras mulheres trans para a Câmara dos Deputados, como a atual deputada federal **Erika Hilton**. Além de ser a vereadora mais votada em todo o país em 2020, Erika, sendo uma mulher negra, trans e de origem periférica, representa uma voz importante na luta por direitos humanos, equidade para a população negra e combate à discriminação de pessoas LGBTQIA+.

Outro acontecimento importante foi a eleição da nordestina **Raquel Lyra** como a primeira mulher a ocupar o cargo de governadora de Pernambuco, em 2023. De acordo com um levantamento divulgado pela agência argentina CB Consultoria, ela está no top 10 lideranças políticas com imagem positiva no Brasil, sendo a gestora mais bem colocada na lista.[39]

A participação das mulheres na política brasileira é uma luta urgente e contínua por representação e igualdade de gênero. Como diz minha

---

39. ANJOS, G. Em levantamento, Raquel Lyra aparece no Top 10 de lideranças políticas do Brasil. Diário de Pernambuco. Disponível em: https://www.diariodepernambuco.com.br/noticia/politica/2024/03/em-levantamento-raquellyra-aparece-no-top-10-de-liderancas-politicas.html. Acesso em: 10 jul. 2024.

amiga Tabata Amaral, "com mulheres no poder, meninas voltam a sonhar", e nosso objetivo é encorajar meninas e mulheres a ocuparem todos os espaços com os quais elas sonharem. Mas o desafio não é só chegar lá, como também se manter lá. Como podemos criar uma rede forte o suficiente para que os espaços sejam ocupados e mantidos?

Digo isso porque, em minha trajetória profissional e política, vejo muitas mulheres exaustas da luta, se sentindo solitárias e pouco acolhidas. Também é o nosso papel estender nossa mão a todas essas mulheres.

Certo dia, ouvi de uma amiga: "Eu não vou mais me candidatar, nem me envolver com política, não ganhei nada com isso, só perdi". Eu a entendi, acolhi e respeitei. Mas ela estava errada, só não conseguia ver quanto sua luta transformou algumas vidas. Ela estava entrando na sua segunda década como ativista por mais mulheres na política, e obviamente nada daquilo foi em vão, mas os passos são tão lentos que fica difícil ver o óbvio, aquilo que não é tangível no momento.

Quero aqui deixar uma mensagem: não é e nem será fácil, mas não estou sozinha e você também não. Tem muita mulher lutando pela gente por aí!

A questão é: como falar para essa mulher que o que ela está fazendo é política? Como transmitir a ideia de que o governo deveria oferecer mais suporte para tornar o seu trabalho mais eficiente?

CAPÍTULO 10

POLÍTICA A NÍVEL DE RUA

Depois de falar sobre as mobilizações importantes das mulheres na política ao longo da história, eu não poderia deixar de mencionar um espaço, muitas vezes invisível — apesar de concreto —, onde diversas mulheres estão ativamente lutando por uma vida melhor, mas que não está nas instituições.

Quando eu estagiava na subprefeitura de Pirituba/Taipas/Jaraguá, Zona Noroeste da cidade de São Paulo, em 2015, meu supervisor me chamou para conhecer as ruas. Ele me viu imóvel, acomodada em frente ao computador, possivelmente exalando tédio, e intuitivamente disparou: "Gabi, prepare-se, porque nós vamos para a rua. Você vai conhecer para quem realmente trabalha". Ele se referia ao povo, mais especificamente, ao menos afortunado.

Saímos da prefeitura para uma vistoria, e eu não fazia ideia do que estava prestes a presenciar. De carro, atravessamos a avenida Raimundo Pereira de Magalhães, imensa em sua extensão. No início, pensei que nosso destino seria próximo à subprefeitura, mas, quando cruzamos a metade da avenida, entendi. A paisagem começou a mudar, e prédios altos deram lugar a comunidades.

Chegamos a um local marcado por barracos e invasões e onde um valão cortava uma comunidade. Havia muito lixo e rostos marcados pela tristeza para todos os lados. Uma das casas, construída bem em cima do valão, me chamou atenção, e logo descobri que seria aquela a residência a ser visitada.

A situação era precária, e aquele lugar não era um lar para ninguém morar. Meu primeiro pensamento foi: "Por que alguém moraria aqui?". Minha realidade privilegiada não me permitia entender que, às vezes, as pessoas não têm escolha senão construir em lugares perigosos e se colocar em situação de risco.

Dentro da casa, encontramos quatro crianças e a mãe. O chão era de madeira, mal instalado, possibilitando a visão do córrego que passava logo abaixo. O cheiro era insuportável. A responsabilidade da subprefeitura era entender a situação daquela família, cadastrá-los nos programas assistenciais e seguir adiante. Mas ali estavam vidas em risco, se é que já não estavam sofrendo com doenças pela exposição contínua à água contaminada e ao lixo. Eu estava diante da face oculta da cidade mais rica do Brasil, perplexa pela forma que ela tratava seus cidadãos.

Saímos da casa em silêncio. Meu superior não disse nada, mas sabia o que havia feito, que de alguma forma me despertou para a vida, retirando a venda dos meus olhos. No dia seguinte, eu chegaria à prefeitura doida para resolver a situação daquela família, movida por uma ânsia de justiça.

Seria a Secretaria de Habitação que avaliaria quem receberia novas habitações. Porém, me informaram sobre a existência de uma fila de espera, e a pior realidade foi descobrir que havia famílias em condições ainda mais precárias do que a que eu havia visitado, o que me afetou profundamente.

É nesse contexto que emerge a figura do líder comunitário. O termo "política a nível de rua", inspirado no termo acadêmico "burocracia a nível de rua" e cunhado pela Professora Gabriela Lotta,[40] se refere também às pessoas que desempenham trabalhos nas próprias comunidades, auxiliando os moradores com suas necessidades básicas, devido à ineficiência dos governos, além daqueles que estão na administração pública executando as políticas públicas na ponta. Muitas mulheres são líderes comunitárias, dedicando suas vidas a fornecer suprimentos para famílias locais. São essas mulheres que estão efetivamente fazendo política nas ruas, atuando no que chamamos de "base".

Para reivindicar melhorias para os moradores, muitas vezes elas dependem das mulheres que estão em cargos públicos com poder de decisão. Porém, ter acesso a quem está na posição de tomada de decisão não é como enviar uma mensagem no WhatsApp ou encontrar pessoalmente para conversar.

Dessa forma, essas mulheres acabam praticando a política de forma independente, em colaboração com muitas outras, buscando doações

---

[40] LOTTA, G. S. O papel das burocracias do nível da rua na implementação de políticas públicas: entre o controle e a discricionariedade. Disponível em: https://perguntasaopo.files.wordpress.com/2014/06/pend-08-gabriela-s-lotta-2-revisado-2.pdf. Acesso em: 10 jul. 2024.

e soluções por conta própria. Essas ações acabam sendo mais eficazes muitas vezes, porque todo o processo, desde a aprovação de uma lei até as decisões serem tomadas em instâncias superiores, é extremamente burocrático e demorado. Um ponto importante é que tais ações não dispensam a necessidade de ações governamentais, já que a atuação dessas mulheres é de grande ajuda, mas a população e os políticos não podem se apoiar nelas para resolver os problemas.

Política: uma questão de sobrevivência

A política é um processo burocrático, no sentido definido por Max Weber, devido à sua estrutura organizacional formalizada e aos procedimentos padronizados que orientam a tomada de decisões e a implementação de políticas dentro do sistema político. Na política, especialmente em sistemas democráticos complexos, há uma série de instituições governamentais, processos legislativos, procedimentos administrativos e regulamentações que são essenciais para o funcionamento do sistema político. Além disso, a administração pública, que é responsável pela implementação das políticas, frequentemente opera de acordo com princípios burocráticos, como a divisão de trabalho em departamentos e agências governamentais, a formulação de regulamentos e procedimentos para garantir a consistência e a equidade na aplicação da lei, e a ênfase na impessoalidade e na objetividade na tomada de decisões.

POLÍTICA A NÍVEL DE RUA

Esses elementos muitas vezes refletem características burocráticas, como hierarquia, divisão de trabalho, procedimentos padronizados e especialização técnica.

Quando emergi por dez dias em uma favela carioca, o Morro do Vidigal, para realizar minha pesquisa de conclusão de curso na graduação de jornalismo, encarei de frente não apenas a desigualdade social que assola nosso país, mas também a gentrificação.[41] No Vidigal, eu me deparei com contrastes profundos, onde turistas gastavam mais de mil reais em uma diária de hotel, enquanto moradores percorriam a pé a ladeira íngreme de suas casas, enfrentando dificuldades básicas de saneamento e segurança. Apesar de ter crescido em uma um bairro menos privilegiado de São Paulo, mas nem de longe o mais precário, no bairro da Freguesia do Ó, eu nunca havia estado tantos dias tão próxima de comunidades verdadeiramente vulneráveis. Isso porque a favela da Brasilândia era o bairro vizinho da Freguesia do Ó.

Enquanto entrevistava moradores, líderes comunitários e pessoas engajadas em ações sociais na favela do Vidigal, minha compreensão sobre as políticas públicas se aprofundava. Não escolhi o Morro do Vidigal porque entendia a realidade daquelas pessoas, mas, sim, porque, quando subi pela primeira vez em uma das lajes e encarei a vista maravilhosa da zona sul da cidade, me apaixonei. Contudo, hoje

---

41. Gentrificação é o processo de revitalização urbana em áreas anteriormente degradadas, muitas vezes levando à expulsão de residentes de baixa renda devido ao aumento dos custos de moradia.

entendo que aquela era apenas eu enquanto uma turista, maravilhada por uma paisagem, sem dimensionar o custo social para quem realmente morava lá.

Uma curiosidade muito grande despertou em mim: afinal, existia alguém que morava ali desde o início? Como o morro se desenvolveu? Eles gostam dos turistas? Foram essas as perguntas que eu fazia aos moradores. Em uma das entrevistas, deparei-me com uma moradora, de mais de 60 anos, que viu tudo aquilo se transformar em frente aos seus olhos. Ela me disse:

> "Ninguém queria viver isso aqui. Eu colocava um balde na cabeça com água para poder ter água em casa e subia o morro todinho. Agora o Vidigal é chique, e eu não consigo mais fazer um mercado aqui dentro, preciso sair do morro".

Ou seja, o turismo do Vidigal não veio acompanhado de boas políticas públicas para os residentes, e eles passaram a ter uma vida mais cara morando na mesma comunidade. Continuaram reféns da falta de educação, saúde e infraestrutura de qualidade, enquanto apenas o caminho do turista era visado.

O livro *Mulher de favela: experiências compartilhadas*, coordenado por **Nilza Rogéria Nunes**, professora do departamento de Serviço Social da Pontifícia Universidade Católica do Rio de Janeiro, conduziu um estudo com o objetivo de destacar as experiências de mulheres que desempenhavam funções de liderança nas favelas do Rio de Janeiro e como enfrentavam as injustiças e desafios decorrentes da desigualdade social.[42]

A pesquisa da Professora Nilza entrevistou 200 mulheres, entre elas líderes e ativistas comunitárias de 169 favelas cariocas. Os resultados revelaram que 65% estavam vinculadas a ONGS ou Organizações Sociais Comunitárias, enquanto 73% atuavam em redes e 66,7% participavam de movimentos comunitários. A maioria dessas líderes focava suas atividades na área da educação e saúde. No entanto, a pesquisa também apontou um dado alarmante: 53,7% das mulheres entrevistadas já sofreram algum tipo de ameaça devido às suas atividades.

Durante a minha visita na favela do Vidigal, percebi que, apesar de todas as dificuldades, essas mulheres tinham um desejo inabalável de ver suas comunidades prosperarem e de superarem as adversidades que enfrentavam diariamente. Diante da falta de atenção e ação efetiva por parte das autoridades em áreas como educação, saúde e infraestrutura, essas lideranças assumiram a responsabilidade de preencher as lacunas, utilizando a política como uma ferramenta transformadora.

---

42. NUNES, N. R. Mulher de Favela: experiências compartilhadas. Disponível em: http://www.editora.puc-rio.br/cgi/cgilua.exe/sys/start.htm?infoid=1122&sid=3. Acesso em: 10 jul. 2024.

Nenhuma a menos

Quando saí para pedir votos, visitei uma variedade de locais. Na periferia havia algo especial, pois lá vi muitas mulheres envolvidas na política, muitas delas liderando ONGs e outras iniciativas. Isso me deixava mais confortável, pois entrava nas casas delas para tomar café e até mesmo caminhávamos pelas ruas juntas durante diversas atividades de campanha. Lembro-me vividamente de caminhar de braços dados com mulheres pela Brasilândia, participando de agendas nas ruas.

A atuação dessas líderes comunitárias na linha de frente sustenta uma base gigantesca, mas muitas vezes elas desempenham esse papel sem ter plena consciência de que estão, de fato, envolvidas em atividades políticas: fazem por necessidade e pela busca da sobrevivência. A questão é: como falar para essa mulher que o que ela está fazendo é política? Como transmitir a ideia de que o governo deveria oferecer mais suporte, para tornar o seu trabalho mais eficiente?

O problema é que, quando as mulheres alcançam posições de poder, muitas vezes acabam se afastando ou tendo pouco contato com aquelas outras mulheres que estão também envolvidas na política, só que dentro das comunidades. Durante minha candidatura, encontrei com frequência nas campanhas mulheres isoladas que desconheciam os programas executivos, não sabiam da existência de projetos de lei e nem mesmo tinham a informação de que poderiam chamar a polícia ligando para o 190. Essas informações não chegavam até elas.

Uma crítica que frequentemente discuto com minhas colegas de profissão é sobre como, ao chegarmos em algum órgão público, ficamos presas em uma bolha minúscula e não nos voltamos para aquelas mulheres que estão sustentando toda uma comunidade. Ficamos envolvidas em fazer política nacional sem ir às ruas para ouvir as demandas delas que estão lutando pela sobrevivência de suas comunidades.

Nós, enquanto mulheres com acesso a educação e conhecimento, precisamos dar alguns passos para trás e entender o que outras mulheres estão realizando. Muitas vezes, elas estão implementando políticas públicas de maneira eficaz, e nós não estamos contribuindo para tornar esse processo mais viável nas periferias.

Nos lugares institucionais que ocupei, costumava dizer: "Precisamos ir lá conversar com a dona Maria que mora na Cidade Tiradentes. Eu não moro lá, e você também não, secretário. Como vamos entender a vida dela, pegando ônibus, levando os filhos à creche, se nem eu nem você vivemos essa realidade?".

Precisamos de mais mulheres para enxergar o cotidiano de uma maneira diferente. Por isso, é muito importante abordar a presença da mulher na política em diferentes contextos: para não parecer que a única maneira de fazer a diferença é ganhar uma eleição. Devemos fazer política a partir de vários espaços, porque não podemos esquecer de outras mulheres. Nenhuma a menos.

Não é porque tivemos vitórias em algumas esferas importantes da sociedade que elas permanecerão para sempre. Grandes conquistas geralmente vêm acompanhadas de fortes resistências.

CAPÍTULO 11

AS BARREIRAS INSTITUCIONAIS

Desde que as mulheres conquistaram o direito de votar, elas têm feito avanços significativos na política em todo o mundo. Vimos que, ao longo do século XX e começo do século XXI, houve avanços legislativos, como leis de cotas de gênero e políticas de igualdade salarial, que foram implementadas em muitas nações para promover a representação e os direitos das mulheres na esfera política. Além disso, houve um aumento notável na participação das mulheres em cargos políticos, desde legisladoras até chefes de Estado. Mulheres como Margaret Thatcher, Dilma Rousseff, **Angela Merkel** (ex-chanceler da Alemanha) e **Jacinda Ardern** (ex-primeira-ministra da Nova Zelândia) se destacaram como líderes inspiradoras em seus respectivos países, desafiando normas de gênero e demonstrando habilidades excepcionais de liderança.

No Brasil, apesar de serem uma minoria na Câmara, em 2022, as mulheres conseguiram aprovar 218 propostas de pautas femininas. Destas, 83 se tornaram leis ordinárias,[43] 1 se tornou uma lei complementar,[44] 55 se tornaram emendas constitucionais,[45] 1 foi aprovada como medida provisória,[46] e 8 foram aprovadas como resoluções na Câmara.[47] Houve também 5 vetos, ou seja, algumas propostas foram rejeitadas pelo presidente ou outro poder Executivo. No total, foram sancionadas ou promulgadas[48] 103 leis relacionadas aos interesses da bancada feminina.[49]

Apesar desses avanços, ainda há muito trabalho a ser feito, não apenas porque a presença das mulheres na política não é suficiente, mas também para garantir que essas conquistas não sejam revertidas. Não é

---

43. Leis permanentes.
44. Geralmente reservada para assuntos que exigem um procedimento legislativo mais rigoroso ou que estão relacionados a questões mais específicas e complexas.
45. Implementadas na Constituição.
46. Uma forma temporária de legislação que pode ser promulgada pelo chefe do executivo.
47. Usadas para expressar a posição da Câmara sobre determinados assuntos, recomendar ações específicas, criar comissões especiais ou estabelecer procedimentos internos.
48. Enquanto "sancionada" se refere à aprovação da lei pelo órgão legislativo e sua confirmação pelo chefe do poder executivo, "promulgada" se refere ao ato de tornar oficial e colocar em vigor a lei aprovada.
49. VIANA, C. Câmara aprovou 218 propostas em defesa das mulheres na última legislatura, diz procuradora. Agência Câmara de Notícias. Disponível em: https://www.camara.leg.br/noticias/943370-camara-aprovou-218-propostas-em-defesa-das-mulheres-na-ultima-legislatura-diz-procuradora/. Acesso em: 10 jul. 2024.

porque tivemos vitórias em algumas esferas importantes da sociedade que elas permanecerão para sempre. Grandes conquistas geralmente vêm acompanhadas de fortes resistências.

Na época em que escrevo este livro, vemos uma onda de retrocesso acontecendo no Legislativo, onde pautas como o aborto legal para vítimas de estupro, um direito que já estava assegurado, estão sendo revistas e questionadas acerca de sua legalidade.

Os homens são muito bons em encontrar brechas nas leis para minar parte do que já conquistamos, como é o caso das políticas de cotas. Alguns parlamentares alegam que, como hoje já existem algumas mulheres na política, as cotas não são mais necessárias. Ou seja, se não formos vigilantes, corremos o risco de voltar para a estaca zero e de não conseguirmos mais avançar.

Candidaturas laranjas

Quando a lei de cotas para mulheres na política entrou em vigor, em 1995, a expectativa era de que houvesse um crescimento expressivo de candidaturas e de mulheres eleitas. De 2002 a 2006, de fato, o número de mulheres na Câmara dos Deputados aumentou, chegando a 8,8%.[50] Porém, esse crescimento foi baixo comparado ao que se propunha. Isso

---

50. MARQUES, D. O que são as cotas para mulheres na política e qual é sua importância? 13 set. 2018. Gênero e Número. Disponível em: https://www.generonumero.media/reportagens/o-que-sao-as-cotas-para-mulheres-na-politica-e-qual-e-sua-importancia/. Acesso em: 10 jul. 2024.

ocorreu porque, como mencionado anteriormente, os partidos políticos não preenchiam adequadamente as vagas reservadas para candidatas mulheres, alegando falta de interesse por parte delas. Em vez disso, acabavam preenchendo essas vagas com candidatos masculinos.

A reforma eleitoral ocorrida em 2009, que entrou em vigor para evitar essas brechas, obrigou os partidos a preencherem no mínimo 30% e no máximo 70% das candidaturas de cada sexo, exigindo que apresentassem a chapa ao TSE; caso contrário, o sistema não aceitaria as candidaturas. Só que, mais uma vez, os homens encontraram um jeito de driblar essa legislação, utilizando as chamadas "candidaturas laranjas".

Quando as mulheres expressavam seu interesse e se filiavam ao partido, eram convidadas a participar de eventos e cursos, nos quais precisavam fornecer o número do CPF. Acontece que os partidos utilizavam essas informações para inscrever essas mulheres como candidatas sem seu conhecimento. Elas só descobriam que estavam concorrendo às eleições quando eram convocadas pela Justiça Eleitoral. Infelizmente, essa é uma prática que acontece até hoje.

Um levantamento estatístico realizado pelo TSE revela que, em 2016, de 16.131 candidatos de todo o Brasil que não receberam nenhum voto, 89% eram mulheres, enquanto os homens representavam apenas 11%.[51] É possível que, no meio do caminho, tenham ocorrido desistências e

---

51. TSE. Mais de 16 mil candidatos tiveram votação zerada nas Eleições 2016. 11 ago. 2022. Disponível em: https://www.tse.jus.br/comunicacao/noticias/2016/Novembro/mais-de-16-mil-candidatos-tiveram-votacao-zerada-nas-eleicoes-2016. Acesso em: 10 jul. 2024.

falecimentos, porém esses números indicam fortemente a existência de candidaturas laranjas. Afinal, nem as mulheres votaram em si mesmas?

Quando não recorrem às candidaturas laranjas, os partidos geralmente trazem mulheres sem nenhuma influência política e não investem em suas campanhas, apenas para cumprir as cotas. Nem mesmo aquelas que desejam genuinamente concorrer às eleições recebem financiamento partidário, o que reduz significativamente suas chances de serem eleitas.

Existem, claro, partidos que apostam em figuras femininas de grande influência, porém a forma como a política está estruturada ainda contribui para uma maior presença de homens. Isso porque, mesmo quando as mulheres são eleitas, o sistema de voto proporcional[52] faz com que elas acabem não conseguindo eleger mais mulheres. Esse sistema distribui as vagas de acordo com a proporção de votos recebidos pelos partidos políticos. Portanto, se há somente uma ou duas mulheres no partido capazes de atrair bastante votos, estes acabam sendo distribuídos para a nomeação de outros homens, já que eles são a maioria expressiva dentro das coligações.

Ou seja, embora os partidos possam obedecer às regras exigidas pela lei, não há uma legislação rigorosa que torne as candidaturas das mulheres minimamente competitivas nas eleições.

---

52. Para entender mais o funcionamento do voto proporcional, consulte a seção "BÔNUS: Desvendando o sistema eleitoral brasileiro".

Falta de amparo financeiro

Em 2015, foi promulgada a Lei nº 13.665, que visava dar mais suporte financeiro às mulheres através dos partidos políticos durante as eleições. A lei determinava que, no mínimo, 5% do fundo eleitoral deveriam ser destinados às campanhas femininas. Só que ela também estabelecia um limite máximo, de apenas 15%.[53] Isso significava que a maior parte dos recursos ainda seria direcionada aos homens. Com certeza era uma lei que tinha a intenção de atender às reivindicações das mulheres, mas sem prejudicar o privilégio dos homens, promovendo uma igualdade de gênero ilusória.

Ainda bem que essa lei não passou ilesa. Em 2018, o STF a declarou inconstitucional, estabelecendo dessa vez que a verba deveria ser distribuída de acordo com o número de candidatas. Ou seja, se 40% das candidaturas forem de mulheres, 40% do dinheiro deveria ser usado para financiá-las. Além disso, os partidos passaram a ser obrigados a reservar no mínimo 30% do tempo de propaganda gratuita no rádio e na televisão para as campanhas femininas.

O resultado foi que, naquele ano, 77 mulheres foram eleitas para a Câmara dos Deputados, um aumento de 51% em relação a 2014.[54]

---

53. STF garante mínimo de 30% do fundo partidário destinados a campanhas para candidaturas de mulheres. Disponível em: https://www.jusbrasil.com.br/noticias/stf-garante-minimo-de-30-do-fundo-partidario-destinados-a-campanhas-para-candidaturas-de-mulheres/556847946. Acesso em: 10 jul. 2024.
54. ALVES, M. V. C.; SACCHET, T.; MATHEUS, T. O efeito do financiamento público de campanha na eleição de mulheres no brasil. Revista Feminismos, v. 11, n. 2, 23 nov. 2023. Disponível em: https://periodicos.ufba.br/index.php/feminismos/article/view/57749. Acesso em: 10 jul. 2024.

Há muitas mulheres que iniciam sua jornada na política, mas são abandonadas ao longo do caminho. Muitas delas, desencorajadas por suas próprias experiências. Algumas eram professoras que reservavam apenas algumas horas para pedir votos, o que não era suficiente para competir. Se ela não receber o apoio necessário, é provável que desista da política. E, consequentemente, não terá vontade de encorajar outras mulheres a seguirem o mesmo caminho.

Eu, por exemplo, tive que sair de meu antigo emprego para me dedicar à minha carreira política. Só que isso também implica ter uma rede de apoio financeiro e outros recursos, porque, no final do dia, as contas precisam ser pagas. Eu tinha uma rede de apoio familiar que me possibilitou tomar essas decisões, mas qual é a porcentagem de mulheres que podem fazer isso em um país como o Brasil? E aqui, preciso contextualizar que eu sou uma mulher cis, heterossexual, branca e de classe média. Ou seja, extremamente privilegiada em nossa sociedade.

Como tive ao meu lado Tabata Amaral enquanto uma figura proeminente do partido, não enfrentei muitas das dificuldades que as mulheres têm em relação ao fundo eleitoral. Se não fosse pelo apoio de uma mulher consolidada, com palavra e respeitada dentro do partido pelo qual eu estava me candidatando, sei que teria enfrentado mais obstáculos.

Já vi em campanhas anteriores mulheres tendo apenas 1% do financiamento que os homens estavam recebendo, com menos articulação política e critérios pouco claros.

No setor privado também enfrentamos muitas dificuldades de obter recursos. Primeiro porque a rede de contatos das mulheres geralmente é menor do que a dos homens, segundo porque os homens tendem a direcionar recursos para outros homens.

Sejam partidos de direita, sejam de esquerda, a questão do financiamento é um desafio que ainda não foi completamente superado. A exigência de 30% de candidaturas femininas é insuficiente, pois a fiscalização é muito baixa. Embora tenha diminuído a ocorrência de candidaturas laranjas, a falta de vigilância sobre a destinação dos recursos, sobretudo com o aumento do fundo eleitoral, se tornou um grande problema. Não se sabe com clareza por que determinados candidatos recebem mais recursos do que outros.

Não basta apenas ter mulheres concorrendo na política. Uma campanha requer dinheiro, e uma mulher que entra na corrida eleitoral sem recursos financeiros se torna menos competitiva. Elas precisam ter apoio efetivo dos partidos, recursos financeiros, estrutura organizacional e estratégias de campanha para competir em igualdade de condições com os candidatos homens. Se não investirmos nas campanhas das candidatas mulheres, não veremos um aumento significativo de sua representação na política.

Possíveis caminhos

Em 2023, apenas 64 países dos 193 membros da ONU conseguiram ter no mínimo 30% de mulheres em seus parlamentos.[55] Mas ainda não há nenhum país que sirva de modelo para a igualdade de gênero. Essa realidade é uma mancha no século XXI, pois vai contra os princípios fundamentais de justiça, igualdade e respeito pelos direitos humanos. De acordo com o relatório do Fórum Econômico Mundial de 2022, o mundo levará 132 anos para alcançar a igualdade de gênero.[56]

É claro que não é suficiente apenas ter cotas, elas precisam ser implementadas de forma eficaz. Para isso, a legislação deveria estabelecer medidas como aumentar a fiscalização dos partidos e punir aqueles que não repassam os recursos de forma adequada. Além disso, em vez de simplesmente obrigá-los a reservar vagas de candidaturas, deveria ser considerada a reserva de cadeiras políticas no Congresso. A ONU Mulheres[57] propõe uma porcentagem de 50% para garantir a igualdade de gênero na representação política.

A proposta da ONU Mulheres para alcançar a igualdade de gênero na representação política através de uma cota de 50% é uma medida polêmica, mas que tem o potencial de trazer mudanças positivas para

---

55. IPU Parline. Monthly ranking of women in national parliaments. Disponível em: https://data.ipu.org/women-ranking/?date_month=5&date_year=2023. Acesso em: 10 jul. 2024.
56. World Economic Forum. Global Gender Gap Report 2022. Disponível em: https://www3.weforum.org/docs/WEF_GGGR_2022.pdf. Acesso em: 10 jul. 2024.
57. ONU MULHERES. Liderança e participação política. Disponível em: http://www.onumulheres.org.br/areas-tematicas/lideranca-e-participacao/. Acesso em: 10 jul. 2024.

a sociedade. É importante considerar os diferentes argumentos a favor e contra a cota.

Porém, essa perspectiva ainda parece estar longe de se concretizar. Já houve tentativas de mudar esse sistema político, mas os homens, a maioria na política, não querem abrir mão de seus privilégios, pois uma distribuição equitativa do espaço político resultaria na necessidade de muitos deles, já estabelecidos no poder, cederem lugar para as mulheres.

Então, em 2015, a bancada feminina do Congresso propôs uma abordagem mais gradual e menos "radical", na tentativa de negociar mais espaço feminino na política. A ideia era reservar pelo menos 10% das cadeiras parlamentares para mulheres nas próximas eleições a vereador, deputado estadual e municipal, com planos de aumentar para 12% e 15% nas eleições subsequentes.[58] Mesmo que esse projeto tenha sido menos ambicioso do que o planejado inicialmente, ainda seria uma garantia de que em todos os municípios haveria pelo menos um número mínimo de mulheres na política. É claro que, com um parlamento majoritariamente masculino, o projeto acabou sendo vetado.

Muitas pessoas questionam a eficácia das cotas, e em parte com razão, pois elas não representam a solução perfeita para a promoção da igualdade em qualquer esfera. Porém, se esperarmos que as pessoas mudem a mentalidade, pode ser que nunca consigamos ter uma

---

58. Projeto de reserva de assentos para mulheres na câmara: discussão, tramitação e rejeição. Seminário Internacional Fazendo Gênero 11 & 13th Women's Worlds Congress (Anais Eletrônicos), Florianópolis, 2017. Disponível em: https://www.wwc2017.eventos.dype.com.br/resources/anais/14993_07_ARQUIVO_artigofazendogenero.pdf. Acesso em: 10 jul. 2024.

representação justa e igualitária. Afinal, ninguém quer renunciar aos privilégios já estabelecidos há séculos.

Mas a própria onu reconhece os efeitos positivos que as políticas de cotas têm causado em diversos países. Essa medida tem contribuído significativamente para aumentar a presença das mulheres nos parlamentos em comparação com os países que não adotam nenhuma política desse tipo.

Mesmo que sejam consideradas medidas de curto prazo, as cotas são uma importante ferramenta, pois se não houver mais mulheres no poder e nas tomadas de decisão, elas nunca serão pauta prioritária. Cotas, nesse sentido, são uma solução de curto a médio prazo que busca fazer uma reparação histórica de tantos anos de sofrimento para as mulheres.

Não podemos romantizar a entrada das mulheres na política, por todos os aspectos já abordados até aqui. São muitas jornadas e desafios socioeconômicos, o custo é alto e, no fim do dia, arcamos com isso de forma isolada — é você e seu travesseiro. Mas se não formos nós a enfrentarmos isso hoje, não vamos preparar o caminho para que as mulheres de amanhã tenham acesso pleno a todas as oportunidades.

Apesar dessas barreiras, esse é um desafio que cabe a mim e a você. E não vamos desistir.

Motivem as mulheres a buscarem conhecimento, a se capacitarem e a se envolverem ativamente na tomada de decisões que afetam suas vidas.

CAPÍTULO 12

POR UMA POLÍTICA COM ROSTOS E VOZES FEMININAS

"Chama a menina lá das redes sociais."

Era assim que ouvia as pessoas se referindo a mim, desde meu estágio até a função de coordenadora no serviço público na área de comunicação. Essa expressão ecoou na minha mente durante anos.

Não é a palavra "menina" em si que me incomodava, muito menos a profissão de comunicação e redes sociais, mas o fato de ser usada para descredibilizar, como se a individualidade não estivesse sendo respeitada e ficasse em um lugar invisível. Sempre que alguém falava isso perto de mim se referindo a outra pessoa, eu respondia prontamente: "Não, chame-a pelo nome dela".

Eu também ouvia comentários sobre outras mulheres como: "Ela só está conseguindo esse espaço porque é bonita". Não apenas vindo de homens, mas também de outras mulheres — o que dói bastante.

Eu sentia que falavam isso de mim também. Comecei a perceber que havia certos assuntos sobre os quais eu não podia falar por medo de ser estigmatizada e interpretada negativamente.

Por exemplo, eu adoro moda, assunto que estudei por alguns anos, é um universo que me encanta, que fala sobre personalidade, sobre se colocar no mundo. Por outro lado, era um assunto quase proibido na minha cabeça, porque eu pensava em tudo o que as pessoas poderiam pensar de mim: "Nossa, que menina fútil". Isso é horrível, porque parte de mim não podia ser externalizada.

Depois de presenciar chefes gritando com uma colega por ela expressar uma opinião divergente da deles, eu me calei. Entrava nas reuniões quieta e as vezes saía sem falar absolutamente nada, e fiz isso por alguns anos. Eu sei, não é o certo. Eles nos dizem que precisamos nos posicionar, mas quem disse que isso é simples no dia a dia? Não é, não podemos ser hipócritas e achar que é fácil.

A luta coletiva não pode ser maior que a dor individual. Já vi muitas mulheres que se dizem feministas apontando o dedo para outras e tecendo comentários do tipo: "Você não fez nada, que vergonha". Isso é injusto. Precisamos primeiro acolher a mulher ao nosso lado e respeitar.

Demorei muito tempo para ser lida como uma boa profissional, enfrentei muitas batalhas e discussões intensas para ser vista e ouvida. Manter-se em um ambiente onde você se sente desconfortável demanda uma energia enorme, tornando difícil até mesmo realizar suas tarefas, ainda mais em um cenário em que cerca de 90% das pessoas têm algum tipo de preconceito contra as mulheres e quase metade acredita que elas não são tão competentes na política quanto os homens.[59]

Você fica constantemente preocupada com quem estará presente nas reuniões, que roupa precisa vestir e como será recebida ao falar pela primeira vez, com receio de não ser levada a sério. Após nove anos de carreira, de 2015, no meu estágio na Prefeitura de São Paulo, até 2024, como chefe de gabinete no Ministério de Portos e Aeroportos, finalmente me permiti usar uma saia no escritório ou passar um batom vermelho, pois antes achava que isso chamaria muita atenção e me tornaria menos profissional.

Quando decidi me candidatar, ouvi comentários como: "Que bom que você tem seu pai, que é conhecido na região, para conseguir votos, depois ele pode se candidatar também". Eu sempre respondia que meu pai não tinha interesse na política eleitoral e que era a única da família que queria isso.

Eu resolvi desafiar as normas de gênero no futebol e na política. Em 2021, me tornei Diretora de Relações Institucionais da Associação Portuguesa de Desportos, a Lusa, o meu time de futebol. Me lembro da emoção de ligar para o meu pai e contar. A gente chorava, ninguém da minha família tinha sido da diretoria, a gente era da torcida, da arquibancada, sou a sócia nº 1392 da Leões da Fabulosa, torcida organizada da Lusa. Ser diretora não estava nos meus planos, mas muita coisa que acontece não está, não é mesmo? Foi um período desafiador, se somos

---

59. ONU BRASIL. Relatório mostra que 90% das pessoas têm alguma forma de preconceito contra mulheres. 9 mar. 2020. Disponível em: https://brasil.un.org/pt-br/85222-relat%C3%B3rio-mostra-que-90-das-pessoas-t%C3%AAm-alguma-forma-de-preconceito-contra-mulheres. Acesso em: 10 jul. 2024.

poucas na política, somos quase inexistentes no alto escalão do futebol. Por outro lado, foi um ano de muita emoção, meu time subiu de divisão, eu colaborei de formas distintas em um espaço que eu não esperava ocupar, mas ocupei com muita dedicação e compromisso e sempre levantando a bandeira do futebol feminino, das mulheres nos espaços de decisão, dentro e fora dos gramados. Quem sabe um dia eu não possa voltar como presidente?

Depois, ao anunciar minha candidatura, as pessoas me falavam: "Se sua família votar em você, já está bom" ou "Se você já tiver mil votos, já ajuda o vereador na próxima eleição". Outras achavam que eu estava sendo ingênua por não querer depender do apoio masculino. Sempre deixei claro que estava entrando para ganhar, com planejamento, equipe e apoio do partido, mas também com os pés no chão.

Acabei sendo a sexta candidata mais votada do meu partido na cidade de São Paulo, com um total de 7.920 votos, superando as expectativas dos outros, mas completamente dentro da minha expectativa, porque, sim, eu entendia de campanha e de política. Por outro lado, tentaram desmerecer meu sucesso, buscando diversas justificativas para não reconhecerem meu mérito. Insinuaram que o apoio do meu pai ou do meu marido, que na época era namorado e que também é político, ou até mesmo conexões externas como o time de futebol do qual era diretora foram os únicos responsáveis pelo meu resultado, ignorando completamente meu esforço e competência e sugerindo que uma mulher não poderia alcançar tal sucesso por méritos próprios.

Política não tem rosto de mulher

Durante minha campanha, havia locais em que sentia a necessidade de ter meu pai, o motorista, um fotógrafo ou um assessor ao meu lado, pois sabia que poderia ser alvo de assédio sexual e moral e temia pela minha integridade física. Eu tinha medo, muito medo.

Fui expulsa de locais aos gritos por homens que me ordenavam a sair dali e pedir votos em outro lugar. Presenciei deputados tocando de forma inapropriada nas costas de uma colega, apenas porque ela foi simpática. Isso me fez perceber que até mesmo um simples "oi, tudo bem?" poderia ser interpretado de forma equivocada. Se ser educada ou simpática era interpretado como um convite, então passei a manter uma distância segura, limitando os acessos a mim mesma.

Há pouco tempo, era raro vermos mulheres, especialmente negras, indígenas e trans, em cargos políticos, nos espaços institucionais. Embora ainda em número reduzido, hoje conseguimos gerar mais impacto e nossas vozes estão sendo cada vez mais ouvidas. Porém, boa parte da sociedade não quer mais pessoas assim no poder. Eles dizem incessantemente que esse lugar não é para nós e nos submetem a violências absurdas até considerarmos desistir. Um estudo realizado pela ONU Mulheres 2020 revela que 82% das parlamentares já sofreram violência psicológica e 45% já receberam ameaças de morte.[60]

---

60. ALESSANDRA, K. Violência na política afasta as mulheres, diz especialista. Agência Câmara de Notícias. Disponível em: https://www.camara.leg.br/noticias/693968-violencia-na-politica-afasta-as-mulheres-diz-especialista/. Acesso em: 10 jul. 2024.

Quando um projeto que beneficia as mulheres não é aprovado, é um indicativo de que não querem tornar esse espaço agradável para nós. Muitas colegas estão esgotadas, algumas desistiram. A ex-deputada federal Áurea Carolina escreveu um texto brilhante explicando por que estava feliz com o fim do seu mandato:

> Na base do blefe percebi que vinha sendo deslegitimada entre pessoas que eu tinha como aliadas. Toda hora uma conversinha atravessada, armadilhas daqui e dali [...] e ao final encarei a campanha de 2020 com uma aliança restrita [...]. E, o mais importante, carregando um bebê no colo. Eu chorava todos os dias.[61]

Muitas delas acabam renunciando ao desejo de serem mães, pois às vezes é necessário sacrificar nossa vida familiar, seja por questões de segurança, seja pela falta de apoio suficiente para conciliar ambas as responsabilidades. Você sabia que mulheres prefeitas não têm direito a licença maternidade, por exemplo? Alguns estudos sugerem que a maternidade é um dos fatores que desmotivam a atuação da mulher na política, uma vez que elas ainda são relegadas ao papel de criar os filhos.[62]

Além disso, dados mostram que, nos anos analisados (2014, 2018 e 2022), a maioria das mulheres candidatas à Câmara dos Deputados era solteira, enquanto a maioria dos homens era casada. Embora o percentual

---

61. BIROLI, F.; MATOS, M.; CYPRIANO, B. Perfis de gênero nas eleições: idade, conjugalidade e escolaridade.

62. https://elasnopoder.org/wp/wp-content/uploads/2020/07/ENP_MFO_RELAT%C3%93RIO_PESQUISA_V4.pdf

de mulheres casadas tenha aumentado ligeiramente ao longo dos anos, ainda é significativamente menor do que o dos homens.[63]

Isso sugere que, embora o tempo dedicado à política seja crucial, as mulheres enfrentam limitações adicionais quando engravidam ou têm família, ainda por conta das expectativas relacionadas aos papéis de gênero. Ou seja, uma luta que começou no século passado ainda se mantém atualmente.

É também por isso que defendo a independência financeira das mulheres. Algumas podem não sofrer uma violência explícita, porém se não tiverem um recurso próprio, nunca terão liberdade de poder tomar decisões por si mesmas, sem o medo de perder apoio financeiro. Infelizmente, o acesso ao poder ainda está muito ligado aos recursos que temos, e a maior parte das mulheres na política tem uma alta escolaridade e pertence à classe média-alta.[64]

Os homens têm trilhado esse caminho há muito tempo, com uma perspectiva diferente, experiências únicas e apoio social. Porém, é importante aqui ressaltar que não podemos generalizar os homens na política. Conheci alguns extremamente bem-intencionado e competentes, conscientes de seus privilégios, e tive a sorte de ter ao meu lado durante essa jornada um companheiro com esse pensamento. Isso fez toda a diferença para mim e faz a diferença para todas.

---

63. BIROLI, F.; MATOS, M.; CYPRIANO, B. Perfis de gênero nas eleições: idade, conjugalidade e escolaridade.
64. https://elasnopoder.org/wp/wp-content/uploads/2020/07/ ENP_MFO_RELAT%C3%93RIO_PESQUISA_V4.pdf

Por outro lado, só para ter uma ideia, **Eunice Michilis** foi a primeira mulher eleita senadora, em 1979, porém apenas em 2016 — mais de três décadas depois — um banheiro feminino foi instalado dentro do Senado. Antes disso, as mulheres precisavam se deslocar até um restaurante.[65] Embora possa parecer um detalhe trivial, essa situação evidencia que esse espaço não foi construído para receber as mulheres.

Então, não basta apenas introduzir diversidade racial, de gênero e social se não formos capazes de apoiar e sustentar essas pessoas quando elas ingressarem. Dentro dos movimentos políticos, é preciso fomentar a criação de espaços seguros e inclusivos, onde as mulheres se sintam encorajadas a se expressar, compartilhar suas ideias e contribuir com propostas transformadoras.

Mulheres conectadas, mulheres fortalecidas

Mesmo diante de autoridades masculinas mais influentes, eu comparecia às reuniões e conduzia os encontros sozinha, mas sentia falta de um apoio, e comecei a observar que outras mulheres passavam por isso também. Ninguém nos estendia a mão e dizia: "Fale você agora" ou, se interrompidas, insistia para que terminássemos.

---

65. Bancada Feminina do Senado conquista direito a banheiro feminino no Plenário. Disponível em: https://www12.senado.leg.br/institucional/procuradoria/comum/bancada-feminina-do-senado-conquista-direito-a-banheiro-feminino-no-plenario. Acesso em: 10 jul. 2024.

Aos poucos, fui encontrando mulheres que me deram espaço para falar. A união de nossas vozes tornava mais difícil sermos silenciadas. Foi então que minha chave virou: eu não poderia mais estar sozinha.

Comecei a compartilhar a condução de alguns projetos para não carregar toda a responsabilidade, não porque duvidava da minha capacidade, mas porque não me sentia levada a sério, e eu precisava de um apoio. Sempre que possível, levantava a questão de trazer mais diversidade, sugerindo mapear outras mulheres em diferentes áreas, montava equipes com mulheres que não tiveram oportunidades, apoiava candidaturas femininas e buscava endossar suas vozes. Entendi que fortalecer umas às outras é uma via de mão dupla, uma aprendizagem constante de mecanismos para fortalecer a coletividade.

Por isso, ajudar as mulheres a terem acesso à informação é fundamental, pois as motiva a buscarem conhecimento. Quando encontramos maneiras de tornar a política mais compreensível e relevante para o dia a dia, não apenas para aquelas que desejam se candidatar, mas para todas, incentivamos a participação, ampliando nossas bases e fortalecendo umas às outras para não desistirmos, mesmo que isso demande muita energia.

É preciso continuar construindo pontes e dialogando, mesmo diante das opiniões divergentes, principalmente quando as mulheres estão distantes do debate de gênero e muitas vezes buscando apoio emocional em espaços que favoreçam a manutenção do *status quo*. Estamos todas interligadas, e nossa força reside na união e solidariedade.

Política: mais que uma palavra

Ser mulher na política brasileira é enfrentar desafios únicos, mas também é uma oportunidade de quebrar paradigmas e criar um futuro mais inclusivo e igualitário. Enquanto muitos homens veem o poder como um substantivo, algo a ser possuído e mantido como um status, as mulheres o encaram como um verbo, uma ferramenta para agir, transformar e fazer ouvir.

Quando as mulheres conseguem chegar aos espaços de poder, suas abordagens tendem a ser mais propositivas, levando a políticas públicas mais inclusivas e eficazes em áreas como educação e saúde. E isso traz benefícios não apenas para elas, mas para toda a sociedade.

Faço um apelo sincero a todas que têm boas ideias para o serviço público: não hesitem em se candidatar! Se você acredita que pode fazer a diferença, se tem propostas inovadoras e uma visão clara do que precisa ser transformado, não deixe o medo ou a incerteza a impedirem de agir.

Não importa o tamanho da campanha, o número de votos ou os desafios enfrentados, o que realmente importa é a coragem de assumir a responsabilidade de fazer a diferença.

Se você tem certeza que não quer se candidatar, procure projetos que apoiem mulheres na política. Em 2019, eu conheci o Movimento Vamos Juntas na Política, fundado pela Tabata Amaral e coordenado pela minha amiga Larissa Alfino. O Vamos Juntas, que depois virou Instituto Vamos Juntas (IVJ) foi um grande impulsionador da minha atuação na política. Eu não me sentia sozinha, pude em 2020 apoiar dezenas de campanhas femininas pelo Brasil, divulgando ou dando aulas de comunicação, até amadurecer a ideia da minha candidatura.

Não é fácil escolher qual caminho seguir na política eleitoral. Os líderes partidários são pouco acessíveis e a gente se sente enganada a maior parte do tempo. Uma das escolhas que eu fiz foi ir atrás de uma parlamentar, aqui de novo retomo a Tabata, conhecer o seu trabalho, ir em ações do seu mandato, entender como funciona e sentir confiança em me filiar.

Hoje, com as redes sociais, basta a gente colocar no campo "buscar" mulheres e política, que um mundo se abre. Como aqui eu não minto para você, algumas coisas podem ser fechadas, mas muitas são reais. O movimento "Vote Nelas" é um deles. Atuam em todo o Brasil procurando promover candidaturas femininas. A plataforma "Quero você eleita" entendeu que mais do que sermos candidatas, precisamos ser eleitas e oferecer serviços para as candidaturas. Todos esses exemplos têm a finalidade de eleger, mas também de conectar mulheres com outras mulheres e amadurecer o nosso caminho rumo a uma candidatura e a um partido que faça sentido para as suas lutas.

Transformar o futuro, cuidando do agora

O título acima é uma adaptação do "slogan" da minha campanha de 2022 à deputada estadual por São Paulo. Foi a frase que eu repetia diariamente para mim, para a equipe e para quem eu encontrava. Essa frase foi a sugestão de uma outra mulher que coordenou parte da minha campanha e se entranhou em mim de uma forma inexplicável. Primeiro que passar por esse processo me transformou de diversas formas, emocionais, psicológicas, financeiras, profissionais e políticas e segundo, que cuidar do agora é cuidar do próximo, e isso é poderoso.

Somos todos corpos políticos. Seja você homem, seja você mulher, é preciso almejar construir um movimento político pautado na participação ativa das mulheres, na defesa dos direitos femininos e na promoção da igualdade de gênero. Motivem as mulheres a buscarem conhecimento, a se capacitarem e a se envolverem ativamente na tomada de decisões que afetam suas vidas.

E a todos aqueles que, independentemente de sua origem humilde, enfrentam todos os dias as dificuldades impostas pela desigualdade, quero transmitir uma mensagem especial: sei que é fácil sucumbir ao desânimo diante das promessas vazias e da corrupção que muitas vezes permeiam a cena política, mas não permitam que isso os afastem da política enquanto movimento renovador e de esperança.

A política necessita de pessoas comprometidas e íntegras, que tragam consigo a vontade de servir à população e o desejo genuíno de promover mudanças positivas. Não importa sua formação acadêmica, sua origem social ou seu status atual. O que realmente importa é sua determinação em contribuir para o bem comum.

Inspire-se em mentes políticas jovens, em candidatos que, embora não tenham formação técnica, façam questão de levantar ótimas plataformas e sugestões ao serviço público. Porque, no fim das contas, política é a ciência do povo, não é algo que se aprende nas universidades, mas com os ouvidos atentos e olhos bem abertos ao que a população diz e almeja.

Lembre-se de que a verdadeira mudança só acontece se nos mantivermos engajados e confiantes. Não podemos abandonar as mulheres que tiveram a coragem de dar o primeiro passo. Se desistirmos, todo o sacrifício que elas fizeram ao longo da história terá sido em vão. Juntas, podemos criar um futuro melhor, onde as vozes femininas sejam ouvidas e a igualdade seja uma realidade para todos.

Apesar das dificuldades, das noites em claro, das inúmeras batalhas emocionais, carrego comigo a esperança de que nossa atuação política, um dia, possa fazer muito mais diferença. Cada pessoa que votou em mim, cada mensagem de apoio recebida, cada história comovente que presenciei durante a campanha, cada mulher na luta que conheci são lembranças que me fortalecem e me motivam a persistir. Porque, novamente, não tem a ver comigo, mas com aquelas que já estão e aquelas que virão.

Desejo que todas as mulheres, especialmente as mais jovens, encontrem em si mesmas a força necessária para ocupar espaços de poder e influência, sem medo de enfrentar os obstáculos. Acreditem em seu potencial e levantem suas vozes sem medo, sem deixar que ninguém as cale.

O Brasil precisa de pessoas como você, que tenham a vontade genuína de fazer a diferença. Não desperdice seu potencial e suas ideias. Seja a voz da transformação que nosso país tanto necessita. Por mim, por você e por nós, cuide do agora, pois o futuro depende disso!

Eu sigo aqui e quero te encontrar por aí fazendo a diferença, combinado?

Com esperança, coragem, determinação e compromisso.

BÔNUS
Desvendando o sistema eleitoral brasileiro

VOTO MAJORITÁRIO

O sistema eleitoral brasileiro utiliza o voto majoritário para eleger o Presidente da República, governadores, prefeitos e senadores. O voto majoritário é baseado na escolha do candidato que recebe a maioria dos votos.

Para tanto, a votação ocorre em dois turnos. No primeiro, os eleitores votam em seu candidato preferido; se nenhum candidato obtiver mais de 50% dos votos válidos, ocorre um segundo turno entre os dois candidatos mais votados.

Já os senadores são eleitos no primeiro turno, sendo que cada estado conta com três senadores, totalizando 81 cadeiras. É o único cargo que tem o mandato de oito anos; porém, as eleições para o Senado acontecem a cada quatro anos, em que é renovado, alternadamente, um terço e dois terços das cadeiras.

VOTO PROPORCIONAL

Quando elegemos deputados federais, estaduais e municipais e vereadores, nós os escolhemos por voto proporcional, que pode parecer um quebra-cabeça para muitas pessoas. No sistema proporcional, o eleitor vota não apenas em um candidato específico, mas também no partido ao qual esse candidato está vinculado. Dependendo da quantidade de votos que o partido receber, ele tem direito a um número proporcional de vagas no Congresso. É por isso que um candidato que consegue muitos votos não necessariamente será eleito.

Para entender melhor, é preciso compreender os conceitos de quociente eleitoral (QE) e quociente partidário (QP).
O QE é utilizado para calcular o total de votos válidos (exceto brancos e nulos) em uma eleição, dividido pelo número de vagas disponíveis. Por exemplo, o partido X conseguiu 1.500 votos válidos; o Y, 1.200; e o Z, 500. Há somente 10 vagas no Congresso. O QE será 1500 + 1200 + 500 = 3200 / 10 vagas = 320.

Depois, calcula-se o QP, que é o número de votos válidos recebidos por um partido ou coligação dividido pelo quociente eleitoral. O resultado é o total de vagas que cada partido terá direito. Seguindo o exemplo, o QP será 1500/320 = 4 vagas; 1200/320 = 3 vagas; 500/320 = 1 vaga.

Se houver sobras de cadeiras após a distribuição inicial, elas serão distribuídas dividindo o número de votos válidos do partido ou coligação pelo número de lugares obtidos mais um. Quem alcançar o maior resultado assume a cadeira restante.

Na Câmara dos Deputados, o número de deputados por estado é proporcional à população de cada estado, com um número mínimo de oito, como é o caso do Acre, e máximo de setenta deputados, como é o caso de São Paulo.

Comparação da participação feminina na política em diferentes países

A participação feminina na política varia significativamente ao redor do mundo, com alguns países se destacando por suas práticas inclusivas e políticas de sucesso que poderiam servir de inspiração para o Brasil. Nesta seção, vamos explorar exemplos de boas práticas e políticas adotadas em diferentes países que demonstraram eficácia na promoção da igualdade de gênero na política.

RUANDA

BOAS PRÁTICAS E POLÍTICAS DE SUCESSO:

- Cotas de Gênero: Ruanda implementou uma política de cotas de gênero que reserva 30% das cadeiras do parlamento para mulheres. Esta política resultou em uma participação feminina de 49% nas 80 vagas do parlamento, a mais alta do mundo.
- Educação e Capacitação: programas de educação e capacitação são oferecidos para preparar mulheres para cargos políticos, garantindo que tenham as habilidades necessárias para se candidatarem e exercerem suas funções efetivamente.

LIÇÕES PARA O BRASIL:

- Implementação de cotas de gênero para garantir uma representação mínima de mulheres nos parlamentos estaduais e federal.
- Desenvolvimento de programas de capacitação para mulheres interessadas em ingressar na política.
- Promoção de uma cultura de igualdade de gênero

SUÉCIA

BOAS PRÁTICAS E POLÍTICAS DE SUCESSO:

- Igualdade de Gênero nas Listas Partidárias: os partidos políticos na Suécia adotam listas de candidatos que alternam entre homens e mulheres (sistema de listas zíper), garantindo uma distribuição equitativa de gênero.

- Políticas de Conciliação Trabalho-Família: a Suécia tem políticas robustas de licença parental e creches acessíveis, permitindo que tanto homens quanto mulheres possam equilibrar suas carreiras políticas e responsabilidades familiares.

LIÇÕES PARA O BRASIL:
- Incentivo aos partidos políticos brasileiros a adotarem listas de candidatos com igualdade de gênero.
- Criação de políticas que ajudem na conciliação entre trabalho e família, facilitando a participação política das mulheres.

NORUEGA

BOAS PRÁTICAS E POLÍTICAS DE SUCESSO:
- Cultura de Igualdade: A Noruega tem uma cultura fortemente enraizada na igualdade de gênero, o que se reflete nas suas políticas públicas e na alta participação feminina em cargos políticos.
- Financiamento de Campanhas: políticas através de campanhas de conscientização e educação.
- Implementação de políticas de financiamento público que garantam recursos adequados para candidatas femininas.

NOVA ZELÂNDIA

BOAS PRÁTICAS E POLÍTICAS DE SUCESSO:

- História de Pioneirismo: Nova Zelândia foi o primeiro país a conceder o direito ao voto às mulheres, em 1893. Desde então, tem se destacado por eleger mulheres para cargos de alta liderança, incluindo a primeira-ministra Jacinda Ardern.
- Foco em Políticas Inclusivas: as políticas públicas frequentemente consideram o impacto de gênero, garantindo que as necessidades e perspectivas das mulheres sejam incluídas no processo de tomada de decisão.

LIÇÕES PARA O BRASIL:

- Uso de políticas públicas que considerem o impacto de gênero em todas as etapas de formulação e implementação.
- Promoção de exemplos de lideranças femininas como modelos inspiradores para novas gerações.

MÉXICO

BOAS PRÁTICAS E POLÍTICAS DE SUCESSO:

- Reforma Constitucional: em 2014, o México aprovou uma reforma constitucional que exige a paridade de gênero em candidaturas legislativas. Como resultado, o Congresso mexicano tem uma das maiores proporções de mulheres no mundo.

- Observatórios de Participação Política: o México estabeleceu observatórios de participação política que monitoram e promovem a participação feminina na política, garantindo transparência e *accountability*.

LIÇÕES PARA O BRASIL:
- Aprovação de reformas que exijam paridade de gênero nas candidaturas legislativas.
- Criação de observatórios de participação política para monitorar e promover a inclusão de mulheres na política.
- Esses exemplos mostram que a implementação de políticas específicas e o incentivo à participação feminina podem transformar o cenário político de um país. O Brasil pode aprender e adaptar essas práticas para aumentar a participação das mulheres na política e garantir uma representação mais equitativa e justa. A adoção de cotas de gênero, financiamento de campanhas, políticas de conciliação trabalho-família e a promoção de uma cultura de igualdade são passos fundamentais para alcançar esse objetivo.

Recursos Adicionais

Para aqueles que desejam se aprofundar mais no tema da participação feminina na política e igualdade de gênero, aqui está uma lista de recursos recomendados, incluindo livros, documentários, sites e organizações.

LIVROS

"Mulheres e poder: Um manifesto" – Mary Beard
Uma análise sobre como as mulheres são vistas no poder ao longo da história e como desafiar esses estereótipos.

"Sejamos todos feministas" – Chimamanda Ngozi Adichie
Uma poderosa reflexão sobre o feminismo contemporâneo e a importância da igualdade de gênero.

"Mulheres, Raça e Classe" – Angela Davis
Exploração das interseções entre gênero, raça e classe, e o impacto desses fatores na luta por igualdade.

"Eleanor Marx: uma vida" – Rachel Holmes
Biografia de Eleanor Marx, uma importante ativista política e defensora dos direitos das mulheres.

"The Gendered Politics of Women's Participation in Politics: Engendering Development" – Jude Howell
Análise das políticas de gênero e participação feminina na política em diferentes contextos globais.

Nosso lugar: O caminho que me levou à luta por mais mulheres na política – Tabata Amaral
O relato pessoal de uma trajetória excepcional e um manifesto por uma sociedade mais justa.

DOCUMENTÁRIOS

"The Glorias" (2020)
Documentário sobre a vida de Gloria Steinem, uma das líderes do movimento feminista nos Estados Unidos.

"RBG" (2018)
Documentário sobre a vida e carreira de Ruth Bader Ginsburg, juíza da Suprema Corte dos Estados Unidos e ícone feminista.

"Suffragette" (2015)
Filme que dramatiza a luta das mulheres pelo direito ao voto na Inglaterra do início do século XX.

"Virando a mesa do poder" (2019)
Documentário que segue quatro mulheres que concorreram ao Congresso dos EUA em 2018, incluindo Alexandria Ocasio-Cortez.

"He Named Me Malala" (2015)
Documentário sobre Malala Yousafzai, a jovem paquistanesa que defendeu a educação das meninas e sobreviveu a um ataque do Talibã.

SITES

ONU Mulheres Brasil
Organização das Nações Unidas dedicada à igualdade de gênero e ao empoderamento das mulheres.

Observatório de Gênero e Raça
Plataforma de monitoramento e análise sobre a igualdade de gênero e raça no Brasil.

Instituto Patrícia Galvão
Centro de informações, pesquisa e análise sobre a situação das mulheres no Brasil.

Instituto Alziras
Organização que apoia mulheres na política e promove a liderança feminina no Brasil.

ORGANIZAÇÕES

ONU Mulheres
Organização das Nações Unidas dedicada à igualdade de gênero e ao empoderamento das mulheres.

Centro Feminista de Estudos e Assessoria (CFEMEA)
Organização brasileira que monitora políticas públicas e promove a participação das mulheres na política.

Women's Environment & Development Organization (WEDO)
Organização global que defende os direitos das mulheres e a sustentabilidade ambiental.

Women in Politics Institute
Organização que oferece recursos e apoio para aumentar a participação das mulheres na política globalmente.

Instituto Geledés
Organização que trabalha pelos direitos das mulheres negras e pela promoção da igualdade racial e de gênero.

Explorar esses recursos pode proporcionar uma compreensão mais profunda das questões de gênero e da importância da participação feminina na política, além de inspirar ações concretas em prol da igualdade de gênero.